小学校の先生のための
Why!? プログラミング PROGRAMMING
学年別・教科別に実践
授業活用ガイド

阿部 和広・豊福 晋平・芳賀 高洋 監修

日経BP社

はじめに

　小学校で使われる言葉に「困り感」があります。これは、学習を進める上で、児童が不安になったり、どうしてよいか分からなくなったりしている状態を指すことが多いようです。

　2020年から実施される小学校のプログラミング学習・体験の必修化を前にして、先生方も「困り感」を持たれているのではないでしょうか。

　新しい学習指導要領では、プログラミング学習のための新しい教科ができるわけではなく、今までの教科の中で行うことになっています。しかし、どの学年のどの教科のどの単元とプログラミングを組み合わせればよいのか、なにを学習の「めあて」とし、それをどのように評価すればよいのか、そもそも、プログラミングやコンピュータのこともよく分からないのに、はたして「教えられるのか」など、先生方の不安や悩みは尽きません。

　NHK Eテレで放送している『Why!?プログラミング』は、そのような先生方の「困り感」を減らすお手伝いをしてくれる番組です。『Why!?プログラミング』は、2018年10月現在で21回分が公開されています（2017年のアワード回を合わせると22回）。各回にはテーマやマッチする教科が設定されており、そのウェブサイトには、クリップや教材、先生向けの資料も用意されているので、日々の授業の中でご活用いただけるようになっています。

　本書は、その『Why!?プログラミング』を用いて、いろいろな教科の中で実際にプログラミング学習を行っている全国の小学校の実践事例を、低学年、中学年、高学年に分類して紹介しています。その内容も、コンピュータを使ったもの、コンピュータを使わずにカードやワークシートを活用し

たもの、工作や表現と組み合わせたものなど、多岐にわたります。紹介に当たっては、単に授業の概要を掲載するだけではなく、それぞれの学校の教室やパソコン、ネットワークの環境や、先生や児童の習熟度、先生が事前に準備したものなどを具体的に説明し、指導案や先生の気付き、評価ポイントや振り返りなども細大漏らさず載せています。

それぞれの事例は、研究授業を模しており、監修者がオブザーバーとなって、研究協議会の議論を再現する形で、各所にコメントが挿入されています。その際、良かったところはもちろんのこと、授業を進める上で気を付けるべき点や、押さえるべきところ、新しい学習指導要領との関連性、さらに発展させるにはどうすればよいかなど、本書の事例を通して、多くのヒントが得られると思います。

また、各章の間にはコラムが用意されており、プログラミング学習・体験の目的や、歴史的な背景、哲学、番組で使われているScratchを学校で使う方法など、理論から実践的な事柄までをカバーしています。

ぜひ『Why!?プログラミング』と本書を授業でご活用いただき、先生方の「困り感」を解消するとともに、先生方と子供たちがプログラミングに親しみ、自分たちのアイデアを表現する手段となることを監修者一同願ってやみません。

2018年10月23日

阿部 和広・豊福 晋平・芳賀 高洋

目次

低学年

8	**1年生 ｜ 音楽**	音と動きを合わせて演奏しよう
16	**2年生 ｜ 国語**	プログラムと紙パックの両方でコマを作って回してみよう
24	**2年生 ｜ 国語**	物語のうごきをあらわそう
34	**2年生 ｜ 算数**	正方形の性質を理解しよう

中学年

50	**3年生 ｜ 社会、または総合**	消火活動のネットワークをプログラミングで表現しよう
56	**4年生 ｜ 国語**	漢字シューティングゲームを作ろう
70	**4年生 ｜ 社会と算数の合科**	学区と近隣をたんけんして調べよう
78	**4年生 ｜ 総合**	オリジナルキャラクターを動かそう
86	**4年生 ｜ 総合、または学級活動**	デジタル通信の原理を知ろう

高学年

94	**5年生｜算数**	
	正多角形を描いてみよう	
100	**5年生｜総合**	
	ロボットを助けてあげよう：初めてのプログラミング	
110	**6年生｜算数**	
	起こり得る場合の数を調べよう	
118	**6年生｜理科**	
	自分たちの節電プログラムを考えよう	
130	**6年生｜音楽と総合の合科**	
	生活音をプログラムして即興的な表現を楽しもう	
140	**6年生｜外国語、または総合**	
	英語を使って道案内をしよう	

Column

45	小学校1、2年生の実践について
46	Scratchがなぜ世界の教育現場でこれほど普及しているのか
	日常的なICTの活用
47	パソコンスキルの育成とプログラミング
	Scratchプログラミングを学校で体験するためのICT環境
85	アンプラグド・プログラミングとコンピュータ・プログラミング
	プログラミング的思考とは？
89	遊びながら、作りながら学ぶ ― ティンカリング（ブリコラージュ）と構築主義
90	ティンカリングとエンジニアリング（工学）との関係
	Scratch 2.0のオフラインエディターとオンラインエディターの使い分け
	Scratch 3.0でなにが変わるのか
91	教科教育とプログラミング ― 本書で紹介しきれない教科（図工、家庭、体育）について
117	「創造的な学び」とは ― 消費者から知的生産者へ
	「創造的な学び」と「主体的・対話的で深い学び」の関係
129	情報教育とプログラミング
139	中学校に向けたプログラミング教育の接続・継続について

■**本書の読み方**
- 事例本文の側面には、本文にマーカーで色付けしたり下線を引いたりした個所に対する「監修者から」「先生による補足」、注釈を設けてあります。これらは、実際に授業を行う際の勘所や注意点などを示しています。

> ### 2.2 習熟度
> #### 2.2.1 学校情報機器の利用頻度と一般的操作習熟度
> メディア室にあるWindowsパソコン30台を共有使用。主に低学年が使用。3年生から1人1台でタブレットパソコンを個人持ち。週に3～5回授業に使用。
>
> #### 2.2.2 児童のプログラミング習熟（全体レベルと個々人の差）
> ロボットプログラミングを1学期に10時間程度、2学期に7時間程度実施。Scratchは今回が初めて。
>
> > 監修者から：児童がタブレットを扱う態度は自然で、日常化している様子がよく分かりました。普段から使っていない学校にありがちな、タブレットが使えるというだけで落ち着かなくなったり、準備に手間取って、なかなか授業が始められないということもありませんでした。
> >
> > 先生による補足：レゴのWeDo 2.0とマインドストームEV3を使用したものです。

「監修者から」「先生による補足」の例

> #### 2.2.3 先生のプログラミング習熟
> 15年ぐらい前からプログラミング教育に取り組んできた。その内容は、Flash、HTMLから始めて、近年はプログラミンやViscuitを使用。
>
> #### 2.2.4 先生以外の支援体制
> 担任の先生のみで実施。
>
> ### 2.3 準備
> #### 2.3.1 指導案・提示教材・資料等
> 1時間かけて後述する指導案を作成。
>
> > プログラミン：文部科学省が提供する、プログラムを通じて、子どもたちに創ることの楽しさと、方法論を提供することを目的とした、ウェブサイトです。
> > http://www.mext.go.jp/programin/
> >
> > Viscuit：デジタルポケットが提供するプログラミング言語。メガネという仕組みを使い、単純なプログラムから複雑なプログラムまで作ることができます。
> > http://www.viscuit.com/

注釈の例

- 事例は、実際に授業を行った先生が執筆しています。できる限り用字用語を統一しましたが、指導案やワークシートなど授業現場の用字用語をそのまま生かしている個所があります。
- 事例で紹介している『Why!?プログラミング』各回の番号は、以下の「放送リスト」に掲載されているものに順じています。

  放送リスト
  http://www.nhk.or.jp/sougou/programming/origin/list/index.html

> ScratchはMITメディアラボのLifelong Kindergartenグループによって開発されました。詳しくは以下のWebサイトをご覧ください。
> http://scratch.mit.edu

低学年

8	**1年生 ｜ 音楽**	
	音と動きを合わせて演奏しよう	
16	**2年生 ｜ 国語**	
	プログラムと紙パックの両方でコマを作って回してみよう	
24	**2年生 ｜ 国語**	
	物語のうごきをあらわそう	
34	**2年生 ｜ 算数**	
	正方形の性質を理解しよう	

低学年 | 1年生 | 音楽

音と動きを合わせて演奏しよう

学年	小学校1年生（参加人数：26名）
教科	音楽
単元	おとをあわせてたのしもう
授業時間	3時限目（全5時限）
授業形態	ペアのち個別
担当	横浜市立本郷台小学校　町田智雄先生
Why!?プログラミング利用回	「No.2 おかしな踊りを直せ」

1 [授業の概要]

- Scratchの使い方を『Why!?プログラミング』でイチから学習した。
- 児童に人気の「音」カテゴリーのブロックを活用した。
- 音楽とプログラムの類似性を効果的に利用した。
- 児童が自由に取り組んで試行錯誤する時間をきちんと確保した。
- 実際の楽器との合奏や自動演奏など応用しやすい。

2 [前提条件と準備]

2.1 環境

2.1.1 機材について
電子ディスプレイ（ビデオ視聴用）、プロジェクタ（スクリプト投影用）

2.1.2 ネットについて
インターネット接続あり（有線）

2.1.3 端末について
ノートパソコン（児童用に1人1台、Windows搭載、15インチディスプレイ、マウス）

2.1.4 ソフトウェアについて
Scratch 2.0（図1）

図1 ● Scratch 2.0の画面

2.2 習熟度

2.2.1 学校情報機器の利用頻度と一般的操作習熟度

児童は、月数回利用しているタブレット端末の操作はある程度できる。ただし、パソコンについては、ほとんどの児童が扱えない。

2.2.2 児童のプログラミング習熟（全体レベルと個々人の差）

本単元で初めてScratchを使用。本時までに2時限を実施（詳細は後述）。

2.2.3 先生のプログラミング習熟

15年ぐらい前からプログラミング教育に取り組んできた。その内容は、Flash、HTMLから始めて、近年はプログラミンやViscuitを使用。

2.2.4 先生以外の支援体制

担任の先生のみで実施。

2.3 準備

2.3.1 指導案・提示教材・資料等

1時間かけて後述する指導案を作成。

2.3.2 サンプルプログラム

サンプルプログラムをあらかじめ用意しておき（図2）、児童に対して実演することで、Scratchでできることを理解してもらう。

図2 ● サンプルプログラムのプロジェクト

プログラミン：文部科学省が提供する、プログラムを通じて、子どもたちに創ることの楽しさと、方法論を提供することを目的とした、ウェブサイトです。
http://www.mext.go.jp/programin/

Viscuit：デジタルポケットが提供するプログラミング言語。メガネという仕組みを使い、単純なプログラムから複雑なプログラムまで作ることができます。
http://www.viscuit.com/

3 [授業内容と指導案]

3.1 単元の狙い／単元計画／プログラミングの活用形態／

学習目標「歌声と楽器の音を合わせて演奏しましょう」
指導計画
1. 楽曲の気分を感じ取って歌う。〔旋律、拍の流れ〕
   - 範唱を聴いたり、範唱に合わせて歌詞を口ずさんだりする。
   - 3拍子のリズムを、体で表現する（1人、またはペア）。
   - 旋律や言葉の感じを生かして歌う。
   - 運指に気を付けて鍵盤ハーモニカを演奏する。
   - 番組視聴。曲の中で間違えている部分のプログラムを直す。
2. 打楽器のパートを加えて演奏の仕方を工夫する。〔音色、リズム〕
   - 曲調の変化を感じ取って、リズム打ちをする。
   - 打楽器と歌のパートに分かれて合わせる。
3. 拍の流れを感じ取って、歌と楽器を合わせて演奏する。〔音色、リズム、旋律、拍の流れ〕
   - プログラミング本時。
   - 3グループに分かれ、歌、鍵盤ハーモニカ（副次的旋律）、打楽器を合わせて演奏する。
   - 互いのグループの演奏を聴き、気付いたことを発表する。
   - 自分たちの演奏を生かして、全員で合奏する。

3.2 学習計画（授業の流れ・実践の手順）

配分時間と詳細

　パソコンとScratchに習熟するための下準備【学校独自の時間で計上】。この2時限を、次に紹介する前時【音楽1】と本時【音楽1と学校独自の時間1】の前に実施。

時限	活動	狙い
1	『Why!?プログラミング』の「No.0 スクラッチを始めよう」を視聴。パソコン室にて、パソコンの基本操作（本体につながっている線の確認、マウス操作、デスクトップ画面の概要理解、エクスプローラーの操作）を知る。Scratchのウェブページを開いてみる（図3）。	Scratchでできることを知る。ファイルサーバーにある、インターネットショートカットリンクを使い、Scratchのウェブページを開くことができるようになる。
2	Scratchのウェブページを開き、ネコを動かすプログラミングを、模範を参考に作る。	イベントの発生が、プログラミングを開始する大事な要素であることを知る。スプライトにプログラミングしていくことを知る。動きに関するプログラミングを組み合わせて、ネコを意図した動きにプログラミングする。

Scratchのウェブページ：Scratchのサイトは以下の通りです。
https://scratch.mit.edu/

図3 ● Scratchのサイトのトップページの例

前時【音楽1】
- 『Why!? プログラミング』の「No.2 おかしな踊りを直せ」を視聴。
- サンプルプログラムの「とんくるりんぱんくるりん」を階名唱する。
- 「とんくるりんぱんくるりん」の3拍子を感じられるように、教科書を参考に手拍子などの動きを工夫する。1人で動きを確認したのち、2人組で動きを合わせて楽しく歌う。

本時【音楽1と学校独自の時間1の2時限】

時間配分	活動	先生の支援
5	パソコンを起動する。 今日のめあてを確認する。 「音と動きを合わせよう」 音・動き（見た目）のプログラムを知り、サンプルを基にやってみて、自分の好きなプログラムを作る。	起動中に、今日やることを説明してしまう。
20	旋律のプログラムの仕方を知る。 実際にやってみる。 「ドーソラソ　ドーソラソ　ラーラソラシドー」まで。	番組の説明と同じになるように説明するとともに、「とんくるりんぱんくるりん」の1部を入力して演奏してみせる。 階名を覚えていない児童のために、板書しておく。
5	見た目を変えるプログラムの仕方を知る。 実際にやってみる。 制御カテゴリーの「ずっと」ブロックを使う。 見た目カテゴリーの「コスチュームを＿にする」ブロックを使う。	番組と同様に、コスチュームを変えるプログラムを実演する。
5	音と動きを合わせてみる。 「ずっと」 「コスチュームを2にする」 「1拍休む」 「コスチュームを1にする」 「2拍休む」	「とんくるりんぱんくるりん」の動きは、「とん」で膝をたたき、「くる」「りん」の2拍で手をたたいたことを思い出させ、どうやって3拍子に合わせたらよいかを考えさせる。
10	他の見た目を変えるプログラムを試して遊ぶ。 「コスチュームを○にする」のところを「色の効果を○ずつ変える」に変更する。 色の他、「魚眼レンズ」などいろいろ試す。	番組と同様に、実演して見せる。 旋律のプログラムをやりきらなかった児童には、先生が作成したプログラムを開いてあげて、楽しめるようにする。
休憩（5分）		
5	楽器の変更の仕方を知る。 実際にやってみる。 「楽器を○にする」	やって見せる。
5	「とんくるりんぱんくるりん」の先生が作成したプログラムを見て、「メッセージを送る」「メッセージを受け取ったとき」を使うができることを知る。	「とんくるりんぱんくるりん」にある副次的旋律や打楽器のパートなどを合わせて演奏するプログラムを紹介する。
30	「音と動きを合わせる」というめあてにそって、 ・自分（たち）の作ったプログラムの増築 ・新しい曲に挑戦 ・先生が作成した「とんくるりんぱんくるりん」のリミックス の3つから課題選択し、取り組む。	ここから、空いているパソコンも使い、ペアだけでなく個人でも自由に課題に取り組めるよう促す。 巡視し、1人ひとり「やりたい」ことを聞きながら、うまくいかないときは、ヒントとなることを助言する。
5	振り返り 片付け	

監修者から：番組内容と違ってこの曲は音程と拍数両方がパラメータとして必要ですが、問題なく理解できていましたか？
先生による回答：意外と拍数の方が問題なく理解できていました。日頃の音楽指導の中で、○の中に言葉が1つ入る場合と、○の中に言葉が2つ入る場合を図示したり歌作りをしたりしていたためです。むしろ、音程のパラメーターに苦戦しました。鍵盤の学習はしていたものの、まだ覚えていない子もいましたし、何より数値化されることに「？」となっていました。そういう子は板書された階名を参考にするというよりは、投影された私のプログラムを見て数値を入力していました。

先生による補足：3拍子は、「1、1・2」で最初の拍のみを強調するので、コスチュームは2パターンでよいです。

監修者から：児童はメッセージについて理解できていましたか？プログラミング的にはやや高度な扱いになると思います。
先生からの回答：この部分はおまけ程度で、「紹介」にとどめました。1つ上にある楽器の変更ができて喜んだあたりで、全員の教科学習としての活動は終了した感じです。教科書に載っている通りに複数のパートを同時にやるときにはどうしたらいいか（合奏をプログラミングしてみたい）という思いを持った児童のみが、見よう見まねでやってみた感じでした。

監修者から：Scratchの特性上、音ブロックを使ったスクリプトを複雑にすると拍子が合わなくなる問題が生じると思います。
先生からの回答：私が打ち込んだプログラムで、すでに拍子がずれるときがありました。でも、何回か押しなおすときちんと再生できたので、今回のプログラムなら可能な範囲だと思います。児童が作った量では、ずれは起きていませんでした。

3.3 指導のポイント

　教科単元としては、「あ：とんくるりんぱんくるりんみんなでおどろう」と、「い：まわれまわれたのしく」のリズムの違いを感じ取ることも狙っており、身体表現で違いを感じながら歌う。リズムの違いをプログラミングでも行うのは、応用として可能と思うが、全員に取り組ませると混乱してしまうので見送る。時数を確保できれば「い」のパートで「見た目」の変化させ方を変える指導をしてもよいだろう。また、先生が作成したプログラムの紹介だけするのもよいかもしれない。

　本単元でプログラミングを実施するには、階名が分かることと、鍵盤ハーモニカなどで鍵盤が読めるようになっていることが前提となる。

　拍の流れにのって演奏する活動を通して、3拍子に対する感覚を育てたいので、体の動きを付けて歌うことはとても効果的である。また、プログラミングでも「いち、いちに、いち、いちに」という見た目の変化にすることで3拍子の感覚が入りやすくなる。

　プログラミング学習としては、「イベント」の概念理解と、「音」「見た目」の簡単なプログラミング、「制御」の簡単なプログラミングが理解できれば、1年生でも十分に学習できる。学年で系統的に学習していけるのであれば、上の学年にいくにしたがって「<u>メッセージを送る</u>」「<u>メッセージを受け取ったとき</u>」でパートを組んで合奏していくプログラムを見据えてもよいだろう。

　とにかく、自由に取り組ませる時間を保障することが大事なのと、うまくいかなくても答えをすぐに教えるのではなく試行錯誤させるような関わりをしていくことが大事である。

図4●メッセージのブロック

3.4 評価のポイント

- 【関】友達の歌声や楽器の音に興味・関心を持って、互いに聴きながら表現を楽しんでいる。
- 【創】音色やリズム、旋律を聴き取り、それらの働きが生み出す面白さを感じ取りながら、演奏の仕方を工夫し、どのように表現するかについて思いを持っている。
- 【技】範奏を聴いたり、絵譜を見たりし、音色に気を付けながら拍の流れを感じ取って演奏している。

4 [振り返り（フィードバック）]

4.1 児童の振り返り

児童の生の声は以下の通り。
- 先生、すごいのができちゃった。動きがとてもおもしろいんだ。
- 「とんくるりんぱんくるりん」だけじゃなくて、「こいぬのマーチ」もつくれてよかった。いろいろながっきをならせたよ。
- どこの音がまちがえているかわかった。音に動きを合わせるやり方を先生が隠していたけれど、「ずっと」と「1はくやすむ」をつかうんじゃないかって思ったら、あっていてよかった。
- ネコがどっかにいっちゃった。リセットボタンもつくれないといけないって（先生に教えてもらって）わかった。

参考として自由時間の作例を以下に示す。スプライトが複数ある。「きらきら星」を流し、自分の好きなタイミングでネコを動かそうとしている。

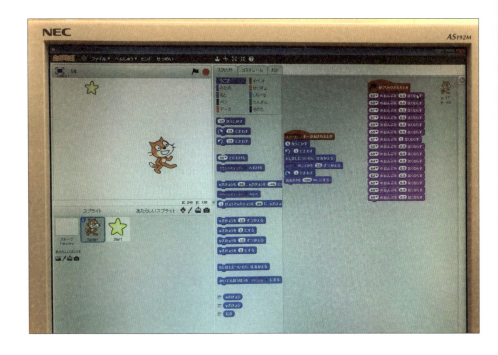

先生による補足：児童がScratchの操作でつまずいた個所は以下の通りです。
- 数値のキーボード入力について、全角になっていてうまく入力できない場面がありました。

監修者から：値が入る欄が( )の場合は、半角の数字以外は入れられないのでこうなります。これは必ず起こるので、児童からのうまく入らないという声を拾ったタイミングで全体に説明するとよいと思います。値が入る欄が [ ] の場合は、数字も文字も入ってしまうので、より注意が必要です。

- ネコを進ませたり角度を変えたりした児童は、基本的に不可逆（やりっぱなし）のままプログラミングし続けていました。初期状態に戻せないので、先生を呼んでいました。

監修者から：オンライン版を使えば、「ファイル」メニューの「復元」で最初の状態に戻せます。オフライン版だと、「ファイル」メニューの「開く」から開きなおしなので、ちょっと手間です。いったん閉じて、プロジェクトファイルをダブルクリックで開いた方が早いかもしれません。

- 今回の基本の学習分では、ネコのスプライトだけにプログラミングしていたので、大きな問題になりませんでしたが、後半の自由課題の時間にスプライトを増やした子は「プログラムが消えた！」（ように見えた）と困っていました。

監修者から：これも必ず起こるので、それを学びの機会として、スクリプト（台本）はそれぞれのスプライト（役者）ごとに作らないといけないことを理解するきっかけにするとよいと思います。学芸会のたとえを使うと効果的です。
ネコが消えるのは、誤って削除してしまった場合と、ステージの外に出てしまった場合の両方が考えられます。前者の場合、直後であれば、「編集」メニューの「削除の取り消し」で戻せます。後者の場合は、「動き」カテゴリーの「x座標を0にする」と「y座標を0にする」を使います。まれに「見た目」カテゴリーの「隠す」で隠してしまうこともありますが、これは同じく「表示する」を使うか、スプライトリストのアイコンの右クリックメニューで「表示する」を選びます。これも問題が起こったときに指導するのが効果的で、何度か繰り返すことにより自分で解決できるようになります。

4.2 先生の振り返り

[授業形態について]
- 操作に慣れるまでは、2人1組で学習した。そうすることで、児童同士で相談し合ったり教え合ったりすることにつながった。また、先生の支援を求める声も半減した。
- 2時限続きの学習にしたことがよかった。1時限だけではパソコンの立ち上げ（後述）や、共通課題に取り組むことで時間を費やしてしまい、個人の自由時間が限られてしまう。2時限続きにしたことで、自分の作品づくりに30分は取り組むことができた。

[Scratchの操作について]
- 操作画面がデフォルト（標準設定）では漢字で、ひらがな表示ができることに気付かなかった。児童たちは、漢字でもすぐに慣れてプログラミングしていたが、1年生ではやはり1文字1文字読み取るのに時間がかかったようで、ひらがな表示にした方がプログラミングに集中できた様子だった。
- スプライトが追加できることを知ると、そちらに興味がいってしまい、プログラミングよりもいろいろなスプライトを追加することに終始してしまう児童が出てきた。

[活動内容について]
- 「音と動きを合わせる」ということが狙いであった。『Why!?プログラミング』の「きらきら星」では拍と動きを合わせることのみであったが、本教材である「とんくるりんぱんくるりん」は3拍子であったので、動きを「1拍、2拍」とすることで3拍子の曲調を感じ取ることに効果的であった。児童が自由時間に取り組んだ「マーチ」も2拍子で、行進する動きを組み合わせることができた。音楽の時間に取り組むプログラミング学習として、4拍子の曲よりも、効果的だと感じた。
- 本学級は30人弱だが、パソコン室全台のパソコンの電源を入れてからスタートさせている。学校のパソコンは不具合が多く、児童が助けを求めた際「プログラミング操作の困り」なのか、「デバイス不調による困り」なのかを見極め、後者の場合はすぐに他の端末に移動させた。そうすることで児童に無駄な時間を費やすことがなくなった。
- 1年生段階では、「ドの音を鳴らす」「楽器をオルガンにする」「メッセージを送る」「メッセージを受け取る」のような1つひとつのプログラムを組み合わせることの理解はできたが、「自分の意図した動きに（プログラミング）する」というのは、かなり難しいと感じた。例えば、楽器を1つだけに決めて、1年生の教科書に載っている曲ならば、本学習を通してプログラミングできるようになると考えられる。これに「コスチュームを変える」など視覚的な効果を加えて音楽に合わせるプログラミングをしていくには、あと2〜3時間は練習が必要になると感じる。

先生による補足：1人1台だと、困った場合に全て対応しなくてはならず、学習全体を進めることに支障をきたすと思います。

監修者から：これはペアプログラミング（ペアプロ）が有効に機能したケースだと思います。先生がいつも代わりにやってしまうと、それに依存するようになってしまいます。

監修者から：新奇性によるものなので、一度飽きるまでやらせてみるのも一案です。プログラミングが日常化すれば落ち着きます。あるいは、隣でもっと面白いことをやってみせるのも効果的です。

先生による補足：デバイス不調の場合は初期段階で困りが出るため、作っている最中のプログラムを捨てることの損害はほとんどなかったです。

監修者から：オンライン版を使うと、データはクラウドに置かれて、個別のパソコンに依存しなくなるので、取り換えても即続きができます。ただし、ログイン作業に慣れる必要があります。

監修者から：自分の意図通りに動かせるようになるには、さらにどの程度の時間が必要だと思いますか？
先生による回答：感覚的な話になってしまうのですが、同じ単元・教材でしつこくやっているうちは、相当時間がかかってしまいそうです。他の教科・単元・教材でも複数回触れていくうちに、「こういうことをしたい」という意図がはっきりしてくると思います。今回もすぐに他の曲でも作品をつくってみたいと言った児童は、プログラミング初心者でもプログラミングの仕方をすんなり習得していっていました。

[番組視聴の影響について]

・本学習後には、「ジェイソンをプログラミング」のように先生がアナログに一定の動作を行ってみると、それがプログラミングと通じているとすぐに分かり、教えていない「条件分岐」まで加えてプログラムを修正する活動が見られた。例えば、給食配膳の際、先生がスプーンとフォークを取りおぼんにのせる動きをやって見せた。当初、給食当番の児童は、おぼんにスプーンとフォークがのるとそのおぼんを取っていたが、当番の児童がいなくなった際、おぼんに繰り返しスプーンとフォークをのせ続けると、「プログラムし直さなくちゃ！」と言って「おぼんにスプーンとフォークがのっていたら止まる！」と言ってきた。

アベ先生の視点

「音」カテゴリーのブロックは、児童たちにとても人気があります。特に説明しなくても、勝手に見つけて、教室のあちこちで音を鳴らす光景もよく見られます。その一方で、Scratchの音の扱いには、音ずれの問題など、リズムがめあてのときなどは、特に気を付けないといけない場合もあります。この授業では、あらかじめよく準備されていたこともあり、うまく取り入れられています。

楽譜とプログラムの類似性はよく言われることですが、この授業でも、プログラムの基本要素である順次、反復がうまく使われています。もちろん、これがプログラムの全てではありませんが、現実の事物とコンピュータの中の仕組みを対比させる意味で、アンプラグドの「ジェイソンをプログラミング」と合わせて説明すると、より深い理解が得られるかもしれません。

また、Scratchには、音の録音と再生機能もあり、これを実際の楽器を使った演奏と組み合わせると、自動演奏と組み合わせたり、自分で録音したものと合奏したりなど、また面白い活用が可能です。Scratch 3.0（90ページ参照）では、録音した音の音階を変えたり、いろいろな効果が追加されるので、それを活かした授業も可能になるでしょう。

低学年 | 2年生 | 国語

プログラムと紙パックの両方で
コマを作って回してみよう

学年	小学校2年生（参加人数：26名）
教科	国語
単元	紙パックでこまを作ろう
授業時間	3・4時限目（全10時限）
授業形態	個別
担当	世田谷区立八幡小学校　亀田貴彦先生
Why!?プログラミング利用回	「No.1 壊れた魚を動かせ」 「No.9 スクラッチ動物園を救え」

1 ［授業の概要］

- Scratchの使い方を『Why!?プログラミング』でイチから学習した。
- 説明の手順を理解するためにプログラミングとものづくり（コマづくり）を活用している。
- コマづくりの前にパソコン上でシミュレートして、児童の関心を高めている。
- 盛りだくさんの内容のため、1時限の計画を2時限に拡大した。
- 単元の目標を達成と同時に、図工や算数の面でも「深い学び」になり得る。

2 ［前提条件と準備］

2.1 環境

2.1.1 機材について

プロジェクタ、スマートボード、ノートパソコン（教師用）、1人1台のタブレットパソコン（児童用）

> 先生による補足：スクリーンとして使用しました。

2.1.2 ネットについて

インターネット接続あり（有線）

2.1.3 端末について

タブレットパソコン（Windows 8.1搭載、10.1インチディスプレイ、分離合体型のキーボードあり）

> 先生による補足：富士通のARROWS Tab（型番はFMV-NKB9）です。

2.1.4 ソフトウェアについて

Scratch 2.0 オフラインエディター

> 先生による補足：端末のローカルドライブに保存して使用しています。

2.2 習熟度

2.2.1 学校情報機器の利用頻度と一般的操作習熟度

児童によるパソコンの利用は今回が初めて。本実践を行うに当たり、パソコン室の使用の仕方と、パソコンの電源の入れ方、ログインの仕方、タップ、ダブルタップなどの基本的な操作を練習する時間を2時限設けた。

2.2.2 児童のプログラミング習熟（全体レベルと個々人の差）

本単元で初めてScratchを使用した。

本学級では、教師がタブレットパソコンを使って教材を提示したしたことはあったものの、児童がタブレットパソコンを使用したことはなく、操作方法はもちろん電源の入れ方も分かっていない児童が多数を占める。しかし、家庭などでタブレットに触れたことがある児童が多く、タブレットへの関心はとても高い。事前にタブレットの電源の入れ方やソフトの起動の仕方、終了の仕方を指導したが、理解が早い児童が多かった。しかし、一度の説明では十分に理解できない児童もいるため、タブレットの操作に対する児童の技能の差が大きいと感じた。

2.2.3 先生のプログラミング習熟

今回の授業で初めてScratchを使用。

2.2.4 先生以外の支援体制

担任に加えてICT支援員1人が補助。

2.3 準備

指導案、ワークシート、児童用のScratchデータを作成（詳細は後述）。
児童用のScratchデータを各タブレットパソコンに配布。

2.3.1 指導案・提示教材・資料等

2時間かけて指導案を作成。さらに児童用ワークシートも作成した。

2.3.2 サンプルプログラム

児童が色を塗るこまの枠のコスチュームを作成（図1）。回転したとき、こまがぶれないように、こまの中心がコスチューム画面の中心になるように配慮した。

> **先生による補足**：タブレットを使用した学習は、個別の学習になりがちです。それでも、児童同士の教え合いの場を設定することで、児童同士がコミュニケーションを取りながら互いのスキルを向上できるようにしていきたいです。

> **監修者から**：児童の技能については、この学校で使われているWindowsタブレットの特性もあるかもしれません。電磁誘導式のペンは、ディスプレイの厚みと視差によってペン先とずれた場所がタップされることがあり、正しい操作をしているのに、思うようならずに困っているケースもありました。また、小さなディスプレイだとボタンも押しづらく、分離合体するタイプのキーボードだと接触不良を起こしやすいという問題もあります。一概に児童の側に原因があるとは言えないので、どこで困っているのかよく見る必要があります。

> **先生による補足**：Scratchのひらがなモード、漢字モードの選択（地球アイコンのクリックでメニュー選択）は児童に行わせました。普段から習っていなくても読める感じはどんどん読もうと指導していて、2年生ですが、教室の名前の表示も全て漢字です。ひらがなモードがよいという児童はひらがなモードを選択して実施しています。

> **先生による補足**：主に、タブレットの操作方法が分からない児童にアドバイスをしました。

> **先生による補足**：習熟度的に児童が共有フォルダの使用ができないためです。

図1●児童に配布したコスチューム

3 [授業内容と指導案]

3.1 単元の狙い／単元計画／プログラミングの活用形態／

【単元の狙い】
- 事柄の順序を考えながら文章を読み、こまの作り方をつかむ。
- プログラミングに関心を持ち、自分の描きたいこまの模様を決めるために、プログラミングを組み、試すことができる。

単元計画（全10時限）

時限	学習活動の流れ	評価規準
1	・文章を通読し、どんなところに気を付けて読んだらこまが上手に作れるのかを発表する。	・こま作りに興味を持ち、必要なことを考えている。
2	・こま作りの大体を読み取る。 ・こま回し大会を行うことを知る。	・材料や道具について確認し、こま作りの順序についてまとめている。
3・4	・自分がどんなこまを作るか、パソコンを使って試しに作り、デザインを決める。 【『Why!?プログラミング』とScratchの活用】	・プログラミングを作って自分の作りたいこまを考え、デザインの工夫をまとめる。
5	・本体作りについて読み取った後、実際に作る。	・作り方の手順を正確に読み取っている。
6	・つまみの作り方とつけ方を読み取った後、実際に作る。	・作り方の手順を正確に読み取っている。
7	・軸のつけ方を読み取った後、実際に作る。	・作り方の手順を正確に読み取っている。
8・9	・こま作りを仕上げ、こま回し大会を行う。	・工夫したこま作りをしようとしている。
10	・作ったこまについて工夫したところを友達に伝えるための文章を書き、交流する。	・伝えたいことがよく分かるように書いている。

> **監修者から**：国語にこだわるなら（合科ではなく国語の一単元として位置付けるなら）、プログラミングしたものを「説明する文章をつくる」「発表する」というところまでを達成目標とし、この実践を単元計画の後半に実施するのもよいかもしれません。
> **先生による回答**：今回使用した教科書が、実物を作りながら説明の手順を理解することを主な活動としていたのでこのような流れにしました。また、初めて授業でパソコンを使う児童にとってScratchを使用する必然性がほしいと考え、授業のこの位置でプログラミングを使用しました。

3.2 学習計画（授業の流れ・実践の手順）

　進度に沿って番組を視聴し習得できるようにする。また、番組の視聴後に教師が具体的な失敗例の提示をすることで、児童がどのように操作すればうまくプログラムを組むことができるようになるかを考えられるようにする。

　全体指導後に操作の仕方が分からない児童には、操作が得意な児童が教えたり、教師が個別に指導したりできるようにする。

使用するWhy!?プログラミングの回	児童が習得する操作方法
No.1 壊れた魚を 動かせ 	キャラクターに命令を入れる方法 命令の実行方法（図2） 　スクリプト「動き」　　「○度回す」 　スクリプト「イベント」「緑の旗がクリックされたとき」 　スクリプト「制御」　　「ずっと」
No.9 スクラッチ 動物園を救え 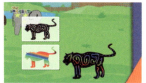	コスチュームの操作 ビットマップモードへの変換 線の描き方 色の塗り方 消しゴムの使い方

図2●今回使用するスクリプト

3.2.1 配分時間と詳細

		主な学習活動	指導上の留意点および評価
導入	1	本時の狙いを知る	・前時までの学習内容を振り返り、本時のめあてを意識して活動に取り組めるようにする。 ・事前にタブレットを起動し、活動時間を確保できるようにする。
		プログラミングで絵を描いたこまを回して、お気に入りの模様を見つけよう。	
展開	2	番組を視聴し、必要な操作方法を知る。 「No.9 スクラッチ動物園を救え」を視聴する。	・2年生にとって難しい言葉が出てきたら解説をする。
	3	教師の操作例を見て、正しいプログラミングの組方を考える。	・失敗例を提示し、どのようにプログラムを組めばこまを正しく動かすことができるか、イメージできるようにする。
	4	タブレットを使って、こまのイラストを描く。	・操作方法が分からない児童には、分かる児童がアドバイスできるように、全体に声を掛ける。 ・うまくデザインできている児童のこまをスクリーンに映し出すことで、デザインに悩んでいる児童の参考にできるようにする。
	5	プログラムを組み、こまを回す（図3、図4）。	・回る速さを調節して、模様の見え方が変わることを伝える。 ・プログラムが組めて、こまが回り始めたら、1つの模様だけでなく、何回も模様を描けるように声を掛ける。
	6	自分の気に入った模様ができたら、模様をワークシートに写し、理由も書く。	・タブレットの操作に夢中になっている児童に声を掛ける。 ・なぜ、その模様にしたのか理由を書けるようにする。また、回っているときの模様の見え方を説明できるようにする。 ◆自分の書いたこまの模様のよさをワークシートに記述する。
まとめ	7	今日の振り返りをワークシートに記入する（図5）。	・今日の学習の感想をワークシートに記入する。
	8	児童の画面をスクリーンに投影し、児童の作品を全体に見せる。	

先生による補足：この前に、タブレットの使い方の時間を設けました。電源の入れ方、Scratchの起動の仕方、ひらがなモード、漢字モードの選択の仕方を指導し、このときに「No.1 壊れた魚を動かせ」を見て初期状態設定のネコのコスチュームを回転させています。

図3●児童が作成したこまの絵とスクリプトの例

図4●プログラムでこまを回しているところ

図5●ワークシートの例
この例では、模様の理由は「まわるときれいだから」、よかった点は「きれいにいろをぬれてよかったです」と書かれている。また、後の時限で実際に紙パックで作成したこまも添えている。

3.3 指導のポイント（教科単元として／
プログラミングとして／児童生活への波及として）

　今回の授業を実施するに当たり、児童が抵抗感なく、楽しみながらプログラミングを行えるように学習計画を工夫した。また、教師自身が「児童にプログラミングを教える」という視点ではなく、「児童がプログラミングを活用する」という視点で指導に当たれるように心がけた。児童が自らの力でプログラミングを使って課題を解決できるようにし、活動を通して自然にプログラミング的思考を身に付けられるようにする。

　学習計画においては、国語の単元計画の中にプログラミングを使用する場面を設定した。本単元「紙パックで、こまを作ろう」は、説明文を読み、実際にこまを作ってみるという学習である。説明文の中には必要な材料や道具、作り方などが書かれており、そこから児童は時間的な順序や事柄の順序を意識しながらこまの作り方を読み取っていく。文章の大体を読み取ったところでこま作りを行い、最後にこま回し大会を行い、自分のこまのよさを友達に伝えるという内容である。この流れの中で「こま作り」と「こま回し大会」に注目し、単元の計画を立てた。

　まず、最初の授業でこま回し大会をすることを伝え、授業のゴールを児童に示す。次に、教科書の読み取りを行い、こま回し大会できれいに回るこまを決めることを知る。そして、教科書のまとめに書かれている『はねに絵をかいたり、シールをはったりすると、回したときに、いろいろな模様が見えます。ほかにも、はねの形をかえるなど、くふうしたこまを作って、回してみましょう。』の文から羽根に絵を描く工夫をすることできれいな模様が浮かび上がることを知る。これを知ることで「こま回し大会に向けて、きれいなこまを作りたい」という児童の興味関心が高まると考えた。

3.4 評価のポイント
　　（学習態度／単元の理解／プログラミングの理解）

【関】
　説明の文章を丁寧に読んでこまを作ろうとしている。
【話・聞】
　自分の作ったこまのよさや工夫したところを友達に伝えている。
【書】
　自分の作ったこまのよさや工夫したところなど、伝えたいことがよく分かるように書いている。
【読】
　場所や数字など細かいところに気を付けながら、順序に注意して説明を読んでいる。
【言】
　1つの語句から派生した語句があり、相互に関連した意味を表していること

先生による補足：こま作りに使用する材料は、紙パックとペットボトルのキャップがそれぞれ1つずつ。使用する道具は絵を描くためのマジックと組み立てに使うハサミとセロハンテープだけです。こまは1つしか作ることができず、絵を描いても実際に回してみるまでは浮かび上がる模様は分かりません。この事実を児童に気付かせ、タブレットパソコンを使うことでこまが回ったときに、どんな模様になるのか画面上で試すことができることを知らせ、タブレットパソコンを使うことのメリットを児童が実感できるようにしました。

先生による補足：こまをタブレットパソコン上で回すにはプログラミングを行う必要があることを児童に伝え、プログラミングを行う必要性を児童に与えられるようにしています。こうすることで、児童が意欲的にプログラミングの方法を覚え、プログラミングを身近に感じることができるのではないかと考えました。

に気付いている。

【プログラミング】
・Scratchの基本的な操作ができ、コスチュームへの色の塗り方が分かる。
・プログラムを組むとイラストが動くことが分かり、実際にプログラムできる。

4 [振り返り（フィードバック）]

4.1 児童の振り返り

具体的な意見を以下に示す。
・パソコンが大好きになったので、またパソコンで遊びたいです。
・このこまの模様ができてよかったです。
・またプログラミングを勉強したいです。
・きれいに色をぬれてよかった。
・くるくる回っているように見えるのがよかった。
・いろいろなこまを回すことができてよかった。

児童がScratchでデザインしたこまの例を以下に示す。

 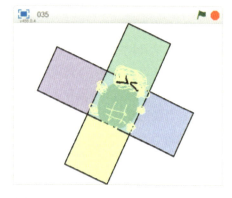

Scratchでデザインしたこまと実際にできあがったこまの例を示す。

4.2 先生の振り返り

- プログラミング学習をどの教科に組み込むかを考えるのに非常に苦労した。今回は、こまを作る前にパソコン上でシミュレートできる利点を児童に伝え、活動を設定した。
  実際に授業を行うと、デザインを描いてはプログラミングでこまを回し、またデザインを描いてはこまを回す児童が多く、いろいろなデザインを試すことができていた。隣の席に座っている友達とできあがったこまを見せ合ったり、友達のこまを参考にしながらデザインしたりする児童も多くいて、児童が楽しみながら活動する姿が見られた。プログラミングの授業を終え、実際にこま作りを行うと自分がパソコンで作成したこまをそのまま作ることができた。また、こまを回して、パソコンで回したときと同じ模様に見えて喜ぶ姿が印象的であった。
- パソコンを使ったことがない児童が大半を占める２年生にプログラミングができるのか不安であった。しかし、思っていた以上に操作を覚えるスピードが早く、教えた操作をすぐに覚えることができた。
- パソコンを操作した経験がほとんど無いので、「タップ」や「ダブルタップ」など基本的なことから教える必要があった。また共有フォルダを使うことや、名前を付けてファイルを保存することもまだできないので、児童に出す指示をあらかじめ言葉を厳選しておく必要があった。
- 本時の授業時間は１時限で計画していたが、実際は２時限必要であった。プログラミングを作り、プログラミング上でこまを回すのに１時限かかり、そのこまをプリントに書き写すのに１時限必要であった。
- プログラミングの学習の後に、体育の準備体操で「ジェイソンをプログラミング」の要素を入れると全員が意識して取り組んでいた。また、教師が１つ飛ばして体操の指示を出すと、「先生、その動きの前にもう１つ言葉が入るんじゃないですか。」と指示と動きを意識しながら取り組んでいた。

4.3 校長から一言

　１人ひとりの子どもが自分の目的を達成しようと集中していた。実物をイメージしやすくするため活動そのものの狙いを達成しやすい。しかし、個々の理解度や疑問に対応するには、教師自身のスキルアップと複数での体制が必要と思う。日常の教育活動に取り入れるには指導者側の課題が大きい。

監修者から：作業開始時に児童の試行錯誤ポイントが絞られていたのがよかったです。具体的にはコマデザイン描画とスプライト回転角度の２か所のみでした。これ以上増やしてしまうと児童が試行錯誤に熱中したり、相互に参照したり、真似したりが難しくなってしまいます。
授業を見学した際には、自分のデザインに没頭する子がいる一方、周囲と楽しそうに見せ合ったりして盛んにやりとりをする光景が見られました。また、回転角度の設定では特定数値をいれると回転の見え方が変わること（90度の倍数など）、大きな数値を入れても早く回るわけではないことなどに気付いて指摘した児童もいました。

監修者から：画面のデザインの手書き転記に時間をかけるより、プリントアウトを使って文章を追記させた方が教科単元の趣旨には合いやすいと思われます。
また、自分が作成したScratchのコマはどのようなプログラムなのかを児童が説明したり、発表したりするような活動があると、国語としてより深みのある学びになるのではないでしょうか。
加えて、実際にコマを作る学習の後にScratchコマづくりに取り組むといったような、単元の計画に工夫の余地があり得ると思います。

アベ先生の視点

この授業は、コンピュータを使った活動と、牛乳パックやワークシートなどの具体物を使った活動を組み合わせたものと言えるかもしれません。今回の目標は、国語の単元としての「事柄の順序を考えながら文章を読み、こまの作り方をつかむ」ですが、これが達成された上で、こまを作る順序とプログラムの順序の類似性と相違点を考えることに発展させると面白いかもしれません。

また、「回す」で指定する角度と、描かれる模様は、割り算と関係があります。この角度に、一周、つまり、360の約数である、45、60、90、120などを指定すると、面白い効果が得られていました。また、角度を大きくするほど見た目の回転が速くなるわけではないという意外な結果に驚いている子もいました（例えば、360の倍数にすると静止して見えます）。さらには、44、61、89、121などにしたときにどうなるかを実験した子もおり（ビデオで撮った飛行機のプロペラが止まって見えたり、逆転して見えたりするのと同じ現象）、このような気付きをうまく拾ってあげると、算数の面でも「深い学び」になるでしょう。この授業はあくまでも国語として行っているので、これは脱線ではないかと思われるかもしれませんが、単元の目標を達成した後であれば、「探求」があってよいと思います。

児童たちはプログラミングを通していろいろな発見をしますが、すぐに次の関心事に移っていきます。その中で知的な面白さを引き出すのが先生の発問ではないでしょうか。

今回の授業で「こまを回して、パソコンで回したときと同じ模様に見えて喜ぶ姿が印象的であった」のような児童の感動を引き出すことができたのは、プログラミングに対する興味や関心を維持する上でよかった点です。ただし、環境によっては、同じ模様にならなかった可能性があります。

前述のようにScratchのプログラムで作ったコマは、とびとびの角度で回転します（離散値。デジタル）。それに対して現実のコマは滑らかに連続して回転します（連続値。アナログ）。仮に教室の照明が普通の蛍光灯であれば、1秒間に50回点滅しているので（東京の場合）、フェナキストスコープ※の原理で似た模様になったかもしれません。もし、白熱球や、ちらつきのないインバーター蛍光灯、太陽光の下ではまた違う結果になったでしょう。もちろん、教員が全ての現象を把握するのは難しいですが、科学的な性質はある程度知っておく必要があるかもしれません。「先生もよく分からないので調べてくる」でも構いません。

※ https://ja.wikipedia.org/wiki/フェナキストスコープ

低学年 | 2年生 | 国語

物語のうごきをあらわそう

学年	小学校2年生（参加人数：26名）
教科	国語
単元	声やうごきであらわそう
授業時間	13時限目（全15時限）
授業形態	個別
担当	岡崎市立愛宕小学校　杉浦理恵子先生
Why!?プログラミング利用回	「No.3 文房具でシューティングゲームを作れ」「No.9 スクラッチ動物園を救え」

1 ［授業の概要］

- 国語の単元を達成するためにプログラミングを上手に活用した。
- 「メディア」としてのコンピュータの特性を生かし、プログラミングを用いて声や動きによる表現を高めている。
- Scratchが不慣れな児童を対象にしつつも、学習課題とのバランスが取れている。
- 昼休みや授業間を利用して『Why!?プログラミング』を効率よく視聴している。

2 ［前提条件と準備］

2.1 環境

2.1.1 機材について
60インチ電子黒板（スクリプト提示用）

2.1.2 ネットについて
インターネット接続あり（有線）

2.1.3 端末について
デスクトップパソコン（Windows 7搭載、24インチディプレイ、マウス）

2.1.4 ソフトウェアについて
Scratch 2.0 オフラインエディター、SKYMENU Pro

先生による補足：以下のサイトの右端の「チャプター」における「scene 02 消しゴムを自由に動かすには」を視聴しています。
http://www.nhk.or.jp/sougou/programming/?das_id=D0005180304_00000

先生による補足：以下のサイトの右端の「チャプター」における「scene 02 スクラッチで絵を描きプログラミングする」を視聴しています。
http://www.nhk.or.jp/sougou/programming/?das_id=D0005180310_00000

先生による補足：児童用は1人1台体制です。機種はNECのMateタイプMEで、メモリ容量は4GB、ハードディスク容量は250GBです。

SKYMENU Pro：Skyの学習活動支援ソフトウェアです。
https://www.skymenu.net/

先生による補足：パソコンの一斉起動・終了、および児童機画面操作で主に使用しています。児童のsbファイル（Scratchで作成したプログラムのファイル）は、サーバーにクラス別、出席番号別で保存しています。

2.2 習熟度

2.2.1 学校情報機器の利用頻度と一般的操作習熟度
年10回程度（月1回以上）利用。Scratch 2.0の操作には慣れていない。

2.2.2 児童のプログラミング習熟（全体レベルと個々人の差）
レベルを表すのは難しいが、Osmo Codingを3回、Scratchを5回程度は経験している。

Osmo Coding：Tangible Playが提供するiPadで動くプログラミングツールです。
https://www.playosmo.com/ja/coding/

2.2.3 先生のプログラミング習熟
全くの素人だが、プログラミングに関して興味を持って取り組んでいる。

2.2.4 先生以外の支援体制
担任に加えて、ICT支援員2名が補助。

先生による補足：Scratchに関しては、幼稚園児への指導経験があります。

先生による補足：株式会社教育システムからICT支援、および、授業計画・教材作成等の助言を受けています。

2.3 準備

2.3.1 指導案・提示教材・資料等
「指導の流れ」をICT支援員とともに、1時間程度かけて作成した。
以下で紹介するサンプルプログラムの準備も行った。

2.3.2 サンプルプログラム
Scratch 2.0用のサンプルプログラムを事前に作成。児童別フォルダを共有フォルダ内に作成し、サンプルプログラムのコピーを保存して利用した。

サンプルプログラムの画面
サンプルプログラム「えっちゃんと大男」の概要を以下に示す（スクリプトは次ページ）。

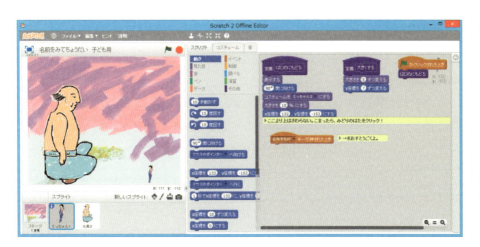

えっちゃんのスクリプト

サンプルプログラム「えっちゃんと大男」で先生が児童に示したプログラムを以下に示す。キャラクター（スプライト）の1人、えっちゃんのスクリプトである。児童はこの状態から作業を始める。

児童の作成したプログラム例

児童の作成したプログラム例を以下に示す。左が動作画面とえっちゃんのスクリプト、右が大男のスクリプトである。

3 ［授業内容と指導案］

3.1 単元の狙い／単元計画／プログラミングの活用形態／

単元の狙い

それぞれの場面での人物の様子を想像し、音読や動作で表現することができること。

監修者から：授業を拝見しましたが、この授業は完成度が高いと思います。この単元の狙いがよく達成できていたためです。物語を読むエッセンスとしてプログラミングを取り入れたことで、音読に対する児童の姿勢が変わったように感じました。児童が積極的で、楽しんでいる様子もうかがえました。

単元計画

時数	内容	表現方法
1・2	・挿絵と題名を見て、物語の内容を想像して教材を音読する。 ・人物の様子を声や動きで表せるよう、学習の見通しを立てる。	音読により、声で表現する。
3〜11	・出てきた人物やえっちゃんが、その人物に会った場所を手がかりにして、お話をいくつかの場面に分ける。 ・場面ごとに、えっちゃんが会った人物の様子とえっちゃんの様子が分かる言葉や文を書き出す。また書き出した文を基に人物の様子を想像する。	抜き出した文を基に、創造したことを絵や文で書く。
12〜13	・場面を選び、人物の様子を想像して声や動きで表す。 ・プログラミングで表現する。（本時） ・プログラミングに声を合わせて発表する。（本時）	ジェスチャー表現を基にプログラミングで表現する。
14・15	・場面ごとに人物の様子を思い浮かべて、声や動きで表すことができたか振り返る。	

プログラミングの活用形態

　プログラミングはパソコン室で行う。児童のプログラミング活動・操作は児童ごとのパソコンで個別に行う。操作中に分からないことがあれば、友達に聞けるように離席を許可し、児童同士が情報交換しながら行えるようにした。導入から学習課題や整理段階では、児童をパソコン室の前方に集めて一斉隊形とし、学習の焦点化を図った。

3.2 学習計画（授業流れ・実践の手順）

3.2.1 配分時間と詳細

段階	児童の活動	教師の活動・支援
授業前	・ワークシートへの記述　物語から想像する大男とえっちゃんの大きさを書く。 ・「No.3 文房具でシューティングゲームを作れ」の「scene 02 消しゴムを自由に動かすには」を視聴、キャラクターをキーボードで操作することを学ぶ。 ・「No.9 スクラッチ動物園を救え」の「scene 02 スクラッチで絵を描きプログラミングする」を視聴、スプライトごとに命令を与えて動かすことを学ぶ。	・授業の間やお昼の時間に、視聴できるようにする。
導入	・パソコン室前方に全員集まり、「名前を見てちょうだい」の第5場面後半を登場人物の気持ちを考えて音読をする（図1）。 ・大男とえっちゃんの体の大きさが変わる場面を2人組で体を使って表現する。	・前時までの学習内容を想起し、本時の学習課題に迫るようにする。 ・どういう気持ちが入るのか考えるようにする。

先生による補足：低学年は、興味が広がることや他の児童の作品を気にする傾向があり、離席が多くなる傾向にあります。一方、高学年になると、スキルが備わってきていることで自分の作品に集中するため、離席が少なくなる傾向があります。

監修者から：このことは、必ずしも低学年の児童の学習規律に問題があるわけではないことに注意が必要です。むしろ、高学年の児童に対しては、他の児童のアイデアやテクニックを見てみるように促す必要があるかもしれません。その意味でこの進め方はよかったと思います

先生による補足：先生による補足：ワークシートへの記述例については、「3.3 指導のポイント」を参照ください。

監修者から：このような時間の使い方は有効だと思います。モジュールで行ってもよいかもしれません。

監修者から：話を聞いてほしいときに1か所に集めるのはとてもよい方法です。目の前にパソコンがある状態（自分でいろいろなことを試しているとき）に人の話に集中するのは困難です。かといって、画面のロックなどで統制しても、児童たちの不満が高まるだけで、せっかくの意欲がしぼんでしまうことになりかねません。空間を分けてそれぞれに役割を持たせることで、自然に聞く態度になります。

図1●教室前方に集まって学習課題を把握する

低学年 | 2年生 | 国語

先生による補足：先に提示したサンプルプログラムだけでなく、情景を表現することを示すモデルプログラム（後述）も提示しています。

問題把握・究明	・学習課題「物語のように大男とえっちゃんの大きさを変えてみよう」を把握する。 <初めはえっちゃんが小さい→怒ったえっちゃんは大男と同じ大きさになる→大男はしぼんで小さくなり見えなくなってしまう> ・キャラクターの大きさを変えるサンプルスクリプトを見て、プログラミングの方法を学ぶ。 ・各自のパソコンに分かれて、大男とえっちゃんの体の大きさの変化をプログラミングする。 ・友達と相談したり、友達のプログラムを参考にしたりしてプログラミングを行う。 ・一度パソコン室前方に集合して、友達のできばえを見る。どうすれば想像したことが実現できるか考える。 ・自分の作品をよりよくするイメージを持って、再度プログラミングを行う。	・音読から、どんな風に変わるか想像できるようにする。 ・サンプルプログラムを提示し、見通しを立てられるようにする。 ・プログラミングを開始して8分程度で一度集めることを予告しておく。 ・集合時に、誰の作品を参考にするかを考えておく。 ・児童の想像性が高まるよう対話的に情報交換し、モチベーションを上げる。
整理	・いったん操作をやめて、教室前方に集合する。 ・作品の発表をする。音読とプログラミングを合わせて発表する。自分のアピールポイントを発表する。 ・友達の工夫を聞いて、自分の作品をさらにどうするか考える。 ・ワークシートに記述する。	・プログラミングと音読を合わせ気持ちを込めて発表する。 ・単なる発表にならず対話的に進むようにする。 ・ワークシートに気付きやもっとやりたかったことも記述する。

　以下に、情景を表現するためにヒントとして教師が児童に提示したモデルスクリプトを示す。

情景を表現することを示すモデルプログラム

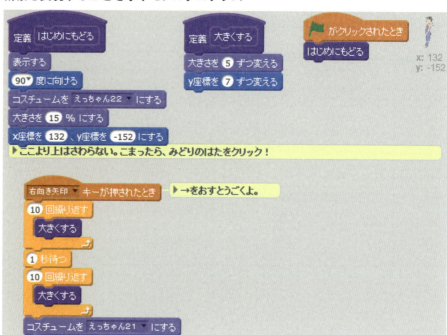

3.3 指導のポイント（教科の授業として／プログラミングとして／児童生活への波及として）

教科の授業として

【導入段階・学習把握段階】

　国語の授業として、音読から始め、物語の内容を把握しておくようにした。単元の狙いである「人物の様子を想像する」ことと「表現する」ことが達成できるよう、また、想像したことを可視化できるようワークシートに記述することが大切である（図2）。

　表現する手段として、プログラミングを利用するに当たって、体で表現するフィジカルプログラミングを事前にしていくと、イメージが湧き、プログラミング作業が円滑に進むことができる。

【学習課題】

　教科の狙いを達成する学習課題として「大男とえっちゃんの大きさを想像して表現しよう」とした。プログラミングをすること自体を狙いとした課題にならないように配慮している。学習課題と究明でのプログラミングの自由度とのバランスが大切である。

【究明段階】

　児童の想像した様子をプログラミングで表現できるように、教師が支援・助言をする。

　この究明段階での教師の活動は大きく3つある。1つは、スクリプトの意味や使い方に認識不足の児童に対して、友達に聞くなど理解を深められるよう助言をする支援である。2つめは、理解や操作が早く、課題（大きさの変化）ができた児童に、音読する物語の内容とタイミングが合うように、工夫するよう助言することである。3つめは、他の操作に興味がいき、学習課題から反れてしまう児童への対処である。キャラクターや背景の色を変えるなど、本時の学習課題の解決とは異なる操作で時間を割いてしまう児童に支援が必要になる。この場合、物語の様子を表現するためのスクリプトの使い方を簡潔に利用することを助言したり、ワークシートに書いてきた大きさの変化を表現するように導いたりする。学習課題が解決して別操作に入っている児童には、オプションとして物語を膨らませて、表現するようにした。

【整理段階】

　児童の音読とプログラミングを合わせた発表をする。本文の音読では、えっちゃんの体が大きくなり、怒ったえっちゃんの気持ちや、大男が風船のようにしぼんでしまう気持ちを表現する（図3）。児童が作成したプログラミングを60インチモニターに映し、音読に合わせて、えっちゃんと大男の大きさを変えていくことで、映像と音読のタイミングの合った豊かな表現ができる。最後は、ワークシートに授業記録として、工夫したプログラムに加え、そのプログラム

図2●授業前のワークシートへの記述例

監修者から：学習課題については同感だし正論だとは思います。ただ、こうした考えは、教員側のプログラミングスキルの向上が要求され、準備が過大になる、あるいは、児童から「作る」「作っている」という感覚を薄めることになりやすいとも思います。つまり、プログラミングが「児童のものづくり」ではなく、教員が用意したアトラクションやゲームのようになりやすい危惧があります。この実践例は、教員のスキルが高いから成立していることに注意が必要です。

監修者から：このようなケースで、「Scratchコーディングカード」のような教材（表面にやりたいこと、裏面にその方法が書いてある）を活用することで、教員の負担が軽減すると思います。
・ウェブサイト
　（Scratchのサイト）
https://scratch.mit.edu/info/cards
・製品版のサイト
　（日経BPのサイト）
http://www.nikkeibp.co.jp/atclpubmkt/book/18/B37600/

監修者から：このような状況になるには、いろいろな可能性があると思いますが、もしかしたら、決められた動き以外のことに関心が広がっているのかもしれません。発展課題として、物語本文で示されていない続き話に誘導するのもよいかもしれません。

図3●自分の作ったスクリプトの動きに合わせて音読する様子

によって、物語をどのように表現できたのかを記載して学習のまとめとする。

【プログラミングとして】

　教科・単元の狙いや目標を達成するために、利用するスクリプトやプログラミングの操作が、簡潔にできるようサンプルプログラムを作成した。挿絵には大男が左側、えっちゃんが右側に描かれている。大男とえっちゃんの画像をスキャナーで読み取りキャラクターとした。児童に示したモデルプログラムは、左向き矢印キーを押すと大男に対し「大きさを○％ずつかえる」、右矢印キーを押すとえっちゃんに対し「大きさを○％ずつかえる」という単純なものであった。特定のキーを押すとキャラクターが動く仕組みは、「第3回 文房具でシューティングゲームを作れ」にある、キャラクターをキーボードで操作するコンテンツを参考にした。これを児童が工夫し、「大きさを-10％ずつかえる」や2段階で大きさが変化するように「大きさを-5％ずつかえる」「0.3秒待つ」「「大きさを-5％ずつかえる」などのプログラムに作り替えた（図4）。

図4●プログラミング時の様子

授業の板書

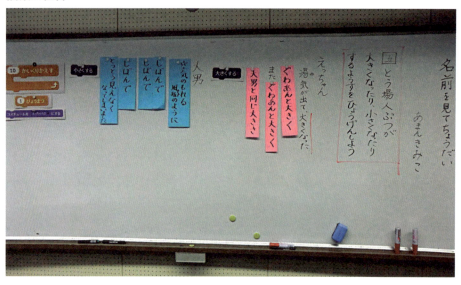

授業後の児童のワークシートに書かれたプログラム

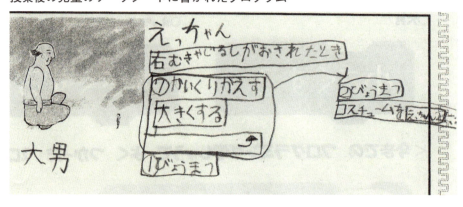

3.4 評価のポイント
　　（学習態度／単元の理解／プログラミングの理解）

学習態度・単元の理解・プログラミングの理解

　プログラミングの操作が少し分かってくると、教師の意図する意図とは異なる操作をする児童が現れることがある。これは興味が別に移っていたり、次の段階の思考をしていたりするなど原因はさまざまである。できるだけ自由度を保証しながら、そういった児童と他の児童をまぜて「なぜそういった操作になったか」「どのようなプログラミングでの表現にしたいのか」等と対話的に、学習課題の解決の方向に誘導していくと、たとえ方向がずれていても、生み出される成果物は、想定した思考の成果物ではなくても、興味深いものがある。また、そういった児童の思考が一概に、課題解決から逸脱していない場合も多い。このことから、プログラミング学習であるからこそ、学習課題の解決と成果を1点に絞らず、自由度を高めてその児童の表現したい方向の思考を操作させるのは面白く、結果として「深い学び」につながっていくと考えている。

　とはいえ、教師は、学習課題の理解と把握が、できるだけ45分間継続させたい。そのため、学習把握段階は、児童と教師の距離が近く、児童の顔をよく見て指導できるよう、児童を教室前方に集めた隊形で行うことがよい。それにより始めに行う操作が明確になり、問題解決のための計画・見通しが立ちやすくなる。ただしそれでも、プログラミングを自由に行う究明段階で、学習課題から反れる活動をする児童が出現する。学習課題から反れる活動を防ぐこと、学習の理解度の把握、児童の情報共有のために、プログラミングを始めた8〜10分程度で、一度教室前方に集める。児童と教師の距離、児童と児童の距離を近づけ、学習活動の焦点化・学習課題の再確認、プログラミングのスクリプトの使い方などの確認などをしながら、発展的にできている児童の作品と見て、より完成度の高い活動をイメージする。また、進んでいない児童の作品を提示し、何が問題になっているかを考え、つまずいているかを考え助言をする。こういった機会を設けて、残り8分程度の見通しを立てて、プログラミングを再開する。

　また児童の思考や理解度の把握のために、プログラミング活動をしている究明段階中は、机間巡視をしながら、教師用の学習記録カードに、児童の活動記録を記録しておく。この記録に基づいて、教師は、発表者・発言者を誰のどんな内容にするかを考える。また、机間巡視中の教師は、安易にやり方や解決策を教えるのではなく、児童が解決に近づくように、それを解決できる児童に聞きに行くように促したり、参考となるコンテンツを参照するようにしたりし、できるだけ児童自身で問題解決できるようにする。児童が、教師に「先生質問です！」と言わなくなったら、自主的問題解決が実現できたことになると考えている。

　また、児童の学習把握をしながら、操作や理解が進んでいる児童には、発展的な課題を提供して、より優れた表現のある作品にしたり、発展的な思考ができたりするようにする。

> **監修者から**：国語の単元をこなす上では注意すべき視点かもしれません。しかし、非テキスト型の「表現」の学びとしては、許容されてもよいと思います。
> 小学校低学年の国語は、時間数が多いので「総合国語」のようなイメージで学習を展開してもよいのではないでしょうか。例えば、文章の音読からはじめて、まずはこの文章を身体で表現してみるという活動をした後で、Scratchで表現するという単元計画にするとさらに深まりがますでしょう。
> あるいは、児童の言語活動を深めたい場合には、「なぜ、このような絵を描いたのか」「なぜ、このようなプログラミングをしたのか」「どのようにプログラミングしたのか」を対話し、言葉や文章で表現、説明するという活動をするということも考えられます。
> それだけの時間的な余裕がとれないかもしれませんが、小学校低学年の国語でプログラミングを取り扱う場合は、単元（で扱う知識）をこなす価値観から少し離れて、余裕と自由度を持ってもよいのではないでしょうか。そうした余裕と自由度が、児童の「深い学び」につながっていくのではないかと思います。

4 [振り返り（フィードバック）]

4.1 児童の振り返り

究明段階の途中での振り返りと、整理段階での、他の児童の発表を見ての振り返りでは、大男とえっちゃんの大きさの変化の仕方や音読での気持ちの入れ方などの工夫について、児童から次のような意見が出た。

- えっちゃんの頭からゆげがでるようにしたらいいよ。
- 大男のみぶるいは、どうすればいいの？

授業の中では、究明段階の途中での振り返りと整理段階での振り返りの活動がある。また、ワークシートの記載での振り返りができる。究明段階の途中での振り返りでは、児童自身と他の児童の学習経過やその内容・進度などを比較し、学習の方向性を修正し、学習を深めていく。以下は、ワークシートへの児童の記述例を示す。

- 大男とえっちゃんのコスチュームをかえたら、けっこうよくなった。
- 大男が、風船のようにしぼんだコスチュームにできたから、音読もしぼんだ声で読めた。
- 大きさはうまく変わった。「何秒」たってから動くスクリプトも使えた。

4.2 先生の振り返り

以下は、授業後の先生の意見である。

- モデルスクリプトは、児童が操作でつまずかないように、簡潔にしたことがよかった。特に低学年では、配慮する必要がある。
- プログラミングの活動が長くなるようにするには、学習課題までの把握の時間を短くする必要がある。
- プログラミングの操作でつまずくのは、活動の始めに集中する。この時間に特に支援員がいるとよい。また、操作の始めでつまずくと、活動時間内で作品ができない。基本事項や学習内容は、きちんと押さえないと、45分で学習が完了しない。
- プログラミングの活動時間を確保するために、対話的な意見交換の時を確保するのは難しい。

4.3 校長から一言

プログラミングを使って国語の教科、単元の目標にあった学習ができた。想像したことを実現する手段として、プログラミングが効果的であった。国語の

授業であるので、登場人物の気持ちや状況を考えることは大事で、フィジカルプログラミングも取り入れて学習の狙いを達成できた。

　特に、怒って「湯気を立てたえっちゃん」の体が「ぐわん」を大きくなったことろや大男が「ぶるっ」と身震いしてしぼんでいくところは、児童同士でどう表現しようか、相談しながらプログラミングを行っていたのでよかった。

　授業後にプログラミングの表現がどのくらいできていたかを見てみると、えっちゃんが大きくなる表現は、多くの児童が工夫し、完成できていた。大男が小さくなるプログラミングについては、すっと小さくなるだけの児童や、しぼんだコスチュームにした児童などさまざまであったが、==大きさの変化には、全ての児童が表現できていた==。また、早く表現できた児童は、紙芝居的に複数画面で表現したいと考えたり、次の段落の表現を考えたりしていた。

　次の段階としては、こういった物語全体の中から、児童が場面を選んで、本学習と同様な、動きのある表現を実現したり、児童が物語をつくり、それを表現する動きのある紙芝居を作ったりするなど、言語活動や思考をプログラミングで表現できるようになるとよい。

> **監修者から**：ここから一歩進めて、児童がまずはプログラミングで紙芝居のようなものを作る、そして、それを文章の物語にする、という学習活動につながると、理想的な学びになるのではないでしょうか。

 アベ先生の視点

この授業で、えっちゃんと大男の動きを表すために、絵だけで表現することもできたと思います。あるいは、体の動きで表したり、楽器を鳴らしてで効果音を付ける方法もあったかもしれません。その場合でも、「場面での人物の様子を想像し、音読や動作で表現することができること」は達成できたでしょう。では、なぜあえてプログラミングで行うのでしょうか。それは、コンピュータとプログラミングが新しい表現手段だからです。

コンピュータは、プログラム次第でどんなメディア（媒体）にもなり得るという他のメディアにはない特徴を持っています。声、身体、絵、楽器などはいずれもメディアです。例えば、楽器を演奏するには楽譜のリテラシー（読み書き能力）が必要なように、コンピュータを操るためにもプログラミングのリテラシーが必要です。それぞれのリテラシーを学び、その違いを知ることで、はじめて自分が表現したいことに合わせて、最適なメディアを選べるようになります。そうなれば、めあて以上の深い学びができたと言えるのではないでしょうか。その結果、プログラミングではなく、身体表現が一番となっても構いません。

Scratchを開発したMITメディアラボのミッチェル・レズニック教授が、プログラミングを単なる勉強の道具ではなく、表現手段だと言っている理由はそこにあります。

低学年 | 2年生 | 算数

正方形の性質を理解しよう

学年	小学校2年生（参加人数：35名）
教科	算数と学級活動の合科
単元	三角形と四角形
授業時間	7時限目、8時限目（学級活動）、9時限目（算数） （全14時限　算数12時限　学級活動2時限）
授業形態	個別
担当	大府市立東山小学校　有賀美智留先生
Why!?プログラミング利用回	「No.11 奇跡のチョウを直せ」

> **先生による補足**：2年生の両学級で実施しました。それぞれ35名います。

> **先生による補足**：本校はプログラミング教育先行実証校として、大府市教育委員会の指導の下、実践し、共同執筆しました。

1 ［授業の概要］

- 算数と学級活動の合科にすることで時限数を確保した。
- ITリテラシーを高めるためにアルゴロジック（後述）やScratchを活用した。
- 『Why!?プログラミング』視聴により授業の目的と課題が明確になった。
- 工夫次第で小5向けの内容を低学年でも使えることを実証した。
- 「ミニ先生」「ペア学習」により主体性を高めるよう工夫した。

2 前提条件と準備

2.1 環境

2.1.1 機材について
電子黒板（プレゼンやビデオの視聴用、普通教室と特別教室の全教室に60インチ一体型を整備）

2.1.2 ネットについて
インターネット接続あり（無線）

2.2.3 端末について
パソコン教室には**タブレットパソコン**（Windows搭載、12インチ・タッチパネルディプレイ、ペン、キーボード付）を整備。普通教室用として同機種を3〜6年児童数の半分を整備。ただしキーボードは可搬を一部のみ整備。

> **先生による補足**：Surface Pro3と同4の混在で、いずれもWindows 10 Proを搭載。パソコン教室、普通教室いずれでも1人1台の授業ができます。

アルゴロジック：JEITA（電子情報技術産業協会）が提供するアルゴリズムをゲーム感覚で習得するための課題解決型ゲームソフトです。
https://home.jeita.or.jp/is/highschool/algo/info/index.html

Viscuit：デジタルポケットが提供するプログラミング言語。メガネという仕組みを使い、単純なプログラムから複雑なプログラムまで作ることができます。
http://www.viscuit.com/

2.1.4 ソフトウェアについて
Scratch 2.0 オフラインエディター、ウェブアプリとして**アルゴロジック**と**Viscuit**。授業支援システムとしてSkyMenuあり。

2.2 習熟度

2.2.1 学校情報機器の利用頻度と一般操作習熟度
- 学級によって差はあるが、ほぼ毎日1回は活用している。
- タブレットの操作に不安はない程度である。

2.2.2 児童のプログラミング習熟
- リテラシーの指導も含めて、プログラミングを活用するのは本授業が初めてである。
- 9時限目までに、アルゴロジックとScratchを1時間ずつ体験し、そこでリテラシー習得としている。

> **先生による補足**：児童はタブレットパソコンをプログラミング以外で次のように使っています：プレゼン、デジタル教科書、調べ学習、意見交換、ドリル学習。

2.2.3 先生のプログラミング習熟
- 平成29年7月から8月にかけて3回、教員研修を行い、順次、学年ごとに、プログラミング教育を実践しているが、本実践の2年生の先生にとっては、初めての実践となる。

2.2.4 先生以外の支援体制
- 担任に加えて、派遣会社よりICT支援員が週2日来校している。

> **監修者から**：支援員の方のプログラミングのスキルを教えていただけますか。
> **先生による回答**：Scratchで「定義」「変数」は使えるが、「定義」で引数を駆使するまではできないレベルです。

2.3 準備

- 指導案

    プログラミングを扱う7〜9時限に対して、指導案の変更を含めて、10回ほど、担任とICT支援員と教務主任で打合せを行った。

- 提示教材（電子黒板活用）

    授業導入のプレゼン（マイクロソフト パワーポイントを使用）を全ての時間で作成した。

- 資料（ワークシート）

    プログラミングを扱う、7〜9時限のうち、7時限目でワークシートを使用した（**図1**）。また、全ての時間で振り返りのアンケートを実施した。

> **先生による補足**：本校は大府市プログラミング教育研究指定校のため、大府市教育委員会教育情報化コーディネータ委託先である株式会社教育システムよりプログラミング教育専門のICT支援、および、授業計画・教材作成等の助言を必要に応じて受けています。

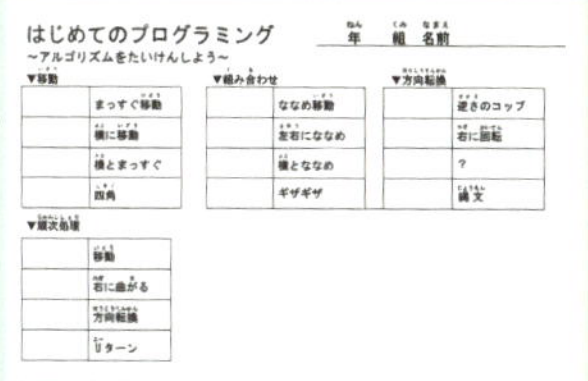

新学習指導要領への対応について

本実践については、以下の点を重視して新学習指導要領に対応した。

（1）算数科との関連とカリキュラムデザイン

本実践において2年生の多角形の概念として、点と点をつないで直線を引き、形をつくるという算数的活動が必須である。さらに、さまざまな四角形がある中、特別な性質を持つ正方形をプログラミングで学ぶこと

図1 ● 7時限目で使用したワークシート（マイクロソフト ワードの文書、38ページに再掲）

は、算数的活動であるとともに、理解を深める活動であると考えた。
　ただ、今回、算数科の授業として行うためにはプログラミングの基礎を学ぶ時間数を確保する必要がある。そこで、2年生を含め、全ての学年において、プログラミング教育を今年度、初めて行う本校では、プログラミングで楽しみながらリテラシーを学ぶ時間を1、2年生は学級活動、3年生以上では総合的な学習の時間を1〜2時間活用することとした。また、リテラシーを扱うのはICT支援員、算数科の授業に当たる時間は担任が行うこととしたのも特徴的である。大府市にはICT支援員が週2日、月に8時間ずつ来校し、指導案検討、教員との打合せ、授業への支援を行っている。

（2）主体的・対話的で深い学び
　本実践では、横断的に学級活動の時間を単元構成の中に取り入れ、アルゴロジックを7限目に、そして、Scratchを8限目に用いて、リテラシーを高める必要があった。教師がプレゼンを準備することで、時間を有効に使い、児童の作業時間、対話的に学ぶ時間を増やすこととした。特に3時間目は『Why!?プログラミング』の「No.11 奇跡のチョウを直せ」を視聴し、「Scratchのリテラシーの興味付け」や「図形の特徴をとらえるための要素を考える」などの目的をはっきりさせることで、児童の意欲を湧き立て、主体的に学べるよう工夫した。また、随時対話場面を設定し、学びを深めていくようにした。

（3）大府市からの研究委嘱
　平成22年度から総務省「フューチャースクール推進事業」並びに文部科学省「学びのイノベーション事業」の実証校であった本校に大府市から平成30年度「プログラミング教育年間カリキュラム作成」の先行実証校として委嘱を受けることとなり、本年度（2017年度）の9月より、準備をすることとなった。

3 授業内容と指導案

3.1 単元の狙い

（1）三角形や四角形に関心を持ち、それらの性質を進んで調べようとする。
（2）長方形、正方形、直角三角形について根拠を持ってそれらを弁別することができる。
（3）長方形、正方形、直角三角形を作図したりすることができる。
（4）三角形、四角形、及び直角、長方形、正方形、直角三角形について理解することができる。

単元計画（14時限、そのうち「正方形の性質」に関する内容は3時限）

次	時	主な学習内容・学習活動
1	1	三角形や四角形の概念をつかむ。
2	2～4	三角形や四角形を弁別したり、書いたりする。 三角形を2つに切って、三角形や四角形をつくる。 身の回りから三角形や四角形を見つける。
3	5	直角について知り、身の回りから直角を見つける
4	6	長方形を作り、特徴を調べる。
	7～9	7限　アルゴロジックを体験しよう。（学活） 8限　Scratchの使い方を知ろう。（学活） 9限　正方形をつくり、特徴を調べよう。（本時）
5	10	直角三角形をつくり、特徴を調べよう。
6	11～13	方眼紙を使って、長方形、正方形、直角三角形を書こう。 色紙を使って、長方形、正方形、直角三角形を2枚組み合わせて、図形を構成しよう。 長方形、正方形、直角三角形を並べて、模様をつくろう。
7	14	単元を振り返り、確認問題に取り組もう。

プログラミングの活用形態

正方形の性質の理解を深めるためのプログラミングの活用

- 「同じ長さの直線で囲まれている」、「4つのかどが直角」という2点を押さえるプログラムを作成する。
- 長方形と正方形のちがいを弁別させるために「同じ長さ」を始めから意識させてプログラミングをさせる。

主体的・対話的で深い学びへのプログラミング活用

- プログラミングのリテラシーを高めるためにカリキュラムデザインの1つとして単元構成を見直した。
- リテラシーを高めたり、プログラミングの活動をしたりする際、お互いの良い点を伝え合わせるために「ミニ先生」制度を活用している。
- プログラミングを改良する活動の中で、「対話的な学び」の場面をつくる。
- ペア活動等で自分の考えを発信する場面をつくる。
- 本校では、ICT機器（タブレット）を活用した授業を行った場合、次時への意欲付けのために必ず、振り返りのアンケートを実施しており、このプログラミング教育においても同様に行っている。そのアンケートはPDCAサイクルを活用してカリキュラムマネジメントに生かしている。

監修者から：6限と7限の間に内容的な断絶があるので、7限目の最初に前時までのつながりをどのように説明するかが課題のように思います。わざわざ学活の時間を使っているので、内容的に切り離されていても問題なくて、あくまで9限のための準備ということでしょうか。

先生による回答：児童には「算数の授業の準備」として伝えています。その中で、長方形と正方形の性質を学ばせようと考えました。今年度は、準備のためになりますが、来年度以降は1年生の段階で、リテラシーの時間確保を、ある程度計画しているので、内容的に切り離されることはないと考えます。

監修者から：長方形と正方形の違いをどのように認識させるかについて、プログラミングを用いない場合と用いる場合では、児童の気付き方が違うように思います。『Why!?プログラミング』のプログラム例だと、正多角形を描くために辺の長さを一定にすることを前提にしているので、4辺が同じ正方形を繰り返しループで描く設定に導いています。ただし、長方形の場合は、対向辺の長さを合わせないと形になりません。これをどう引き出すか、共通認識化させるか、が課題ではないでしょうか。

先生による補足：教師の指示したプログラミングができて教師にきちんと説明できたら、その児童が「ミニ先生」になります。内容がわからなくなった児童やトラブルが起こった児童は挙手することになっているので、ミニ先生はその児童のところへ行き、答えは言わず、ヒントを伝える役割を果たします。

低学年 | 2年生 | 算数

3.2 学習計画

3時限分の指導案を以下に示す。

第2学年　プログラミング教育指導案①
1　単元　三角形と四角形
2　本時の学習指導
(1) 目　標　アルゴロジックを体験して、プログラミング的思考を体感する。
(2) 準　備　WEB教材アルゴロジック　「コンピュータ室の約束」のパワポ
　　　　　　「アルゴロジックの操作説明」のヒントボードとパワポ
(3) 学習過程

段階	学習活動	時間	指導上の留意事項
導入	1　コンピュータ室での約束を聞く。 　・座り方 　・質問の仕方 　・移動の仕方 2　本時の課題を知る。 　アルゴロジックで初めてのプログラミングを体験しよう。	10	・授業前に児童用タブレットの電源をONにしておく。 ・電子黒板の前に移動させる。 ・低学年だからこそ、授業規律の大切さを学ばせる。 ・プログラミングを行ったことのある児童を確認しておく。
追究	3　アルゴロジックを活用し、プログラミングを体験する。 (1) アルゴロジックの基本説明を聞く。 　・ブロックの「→」 　・向きを変える方法 (2) プログラムによって、表示される記号について聞く。 　・クリアできたときは○ 　・それが「良い方法」であれば◎ (3) アルゴロジックを行う。 　・4つの課題をクリアする。 　・できた児童は「ミニ先生」となって、できていない児童に教える。	35	・パワポとヒントボードを活用して説明する。 ・初めての活動なので、一つ一つ確実に押さえる。 ・活動時間を多くとるため、説明時間を最小限にとどめることに配慮する。 ・「教室で自席からチョークを取りに行く場面」を想起させ、どんな方法がいいか考えさせる。 ・合わせてワークシートの記入の仕方も伝えておく。 ・自席に戻らせる。 ・ミニ先生は操作せず、口頭で教えるようにさせる。 ・ミニ先生の活動で論理的に伝える力をはぐくむ一助とする。
まとめ	4　本時のまとめと次時の予告を聞く。 (1) アルゴロジックの感想を話し合う。 (2) 次回はスクラッチでプログラミングを行うことを知る。	45	・プログラミング的思考についてふれる。

3　指導の力点
　○アルゴロジックを初めて扱うので、作業時間の確保に努める。また、「ミニ先生」制度については、経験の少ない児童の不安を取り除くためであると同時に、児童が論理的に話すことのできる力を高める一助となるように設定した。

はじめてのプログラミング　　　年　組　名前
～アルゴリズムをたいけんしよう～

▼移動

	まっすぐ移動
	横に移動
	横とまっすぐ
	四角

▼組み合わせ

	ななめ移動
	左右にななめ
	横とななめ
	ギザギザ

▼方向転換

	逆さのコップ
	右に回転
	？
	縄文

▼順次処理

	移動
	右に曲がる
	方向転換
	Uターン

ワークシート

第2学年　プログラミング教育指導案②
1　単元　三角形と四角形
2　本時の学習指導
（1）目　　標　「おたからゲットゲーム」をクリアして、スクラッチの使用方法を習得できる。
（2）準　　備　おたからゲットゲーム　ブロック表記の平仮名化
（3）学習過程

段階	学習活動	時間	指導上の留意事項
導入	1　本時の学習課題について知る。 「ソフト　スクラッチの使い方をマスターしよう」	3	・授業前に児童用タブレットの電源をONにしておく。
追究	2　「おたからゲットゲーム」をする。 （1）「おたからゲットゲーム」のルールを知る。 ・ねこが通ったところは線を引く。 ・道からはみ出さない。 （2）ソフト「スクラッチ」で使用する各ブロックについて知る。 ・移動「６０ぽ　うごかす」 ・向きの変更「→９０ど　まわす」 「↓９０どまわす」　等 3　「おたからゲットゲーム」をしながら、スクラッチの練習をする。 （1）ゴールするためのプログラミングを考える。　レベル1 （2）ブロック「1びょうまつ」を使用し、スクリプトの動作と動作の間に入れる。　レベル2 （3）ブロックの変更「2びょうまつ」を行う。　レベル3 （4）ブロック「○回繰り返す」を使用し、簡単なプログラムを作成する。　レベル4	40	・児童を電子黒板の前に静かに集める。 ・実演をして、児童の意欲を高める。 ・ペン機能「ペンをおろす」の説明をここで確認をしておく。 ・パワーポイントで全体に提示し各ブロックの説明をする。 ・スクラッチ内のブロック表記を平仮名に変更しておく。 ・前時のアルゴロジックのブロックも同時に提示し、理解の一助とする。 ・自分の席に静かに戻らせる。 ・それぞれのレベルにおいて、できて、教師のチェックを受けた児童はミニ先生となることを伝える。 ・ミニ先生は口頭での説明のみにとどめる。 ・形が描かれている様子をわかりやすくするために必要であることを補足する。 ・キーボードの数字キーの入力方法を確認させる。 ・プログラム実行後のペンの軌跡に着目させ、同じ動作を繰り返していることに気づかせる。
まとめ	4　本時のまとめをし、次時の予告をする。	45	

3　指導の力点
○前時に行ったアルゴロジックを同時に提示することで、スクラッチにスムーズに移行できるようにした。
○「○回くりかえす」というブロッ…
を図りたい。

第2学年　プログラミング教育指導案③
1　単元　三角形と四角形
2　本時の学習指導
（1）目　　標　正方形をプログラミングで描き、正方形の性質を理解する。
（2）準　　備　使用するスクラッチファイル（ひらがな表記に変更）
　　　　　　　　NHK　for schoolの「奇跡のチョウを直せ」
（3）学習過程

段階	学習活動	時間	指導上の留意事項
導入	1　本時の学習課題について知る。 （1）長方形の性質について振り返る。 ・向かい合う辺の長さが等しい。 ・角が直角。 （2）本時の学習課題を知る。 4つの辺の長さが同じ四角形について考えよう	7	・授業前に児童用タブレットの電源をONにしておく。 ・想起しやすいように紙で作った長方形を見せる
追究	2　4つの辺の長さが同じ四角形について話し合う。 （1）「奇跡のチョウを直せ」の前半を視聴する。 （2）4つの辺の長さが同じ四角形をプログラミングして描く。 ・動画と同様にプログラミングする。 ・プログラミングを工夫する。 （3）描いた四角形は、どんな図形であるかをペアで話し合う。 ・4つの辺の長さが同じ ・4つの角が直角 （4）プログラミングして描いた図形はどんな図形かを確認する。 ・正方形	38	・児童を電子黒板の前に静かに集める。 ・「1秒待つ」というブロックを活用して、形がわかりやすいようにする。 ・本時のねらいに対して意欲を持たせる。 ・自席に戻らせる。 ・右のプログラミングを参考にする。 ・ペアで相談するように伝える。 ・前時で学んだ「くりかえす」のブロック。を使わせる。 ・辺の長さだけでなく、角度にも注目させる。
まとめ	3　本時のまとめをする。 （1）「奇跡のチョウを直せ」の後半を視聴する。 （2）正方形の性質についてまとめる。 （3）アンケートを行う。	45	・電子黒板の前に静かに移動させる。 ・「チョウが直って、正方形が描かれるプログラム」を確認させる。 ・全体で確認させる

3　指導の力点
○本時では今まで継続してきた「ミニ先生」制度を「ペア活動」とした。その際、テーマをしぼることで、話しやすくなるように心がけた。対話的に学ぶ力を高めるための一助としたい。
○プログラムの中で、「９０度」に着目させることで、直角の意味を定着させようとした。

低学年 ｜ 2年生 ｜ 算数

3.3 指導のポイントや工夫
（教科として／プログラミングとして／児童生活への波及）

7時限目

- 電子黒板や模造紙を活用した教材を提示した。
  マイクロソフト パワーポイント（以下パワポ）でパソコン室の約束事を説明、模造紙（ヒントボード）でアルゴロジックを説明（図2）。
- ミニ先生による対話的な学びの場面設定をした。
- できるだけ短くきれいなプログラミングにすることも狙いとした。ワークシートに◎か○を記述した（◎は繰り返し等を利用した、短くきれいなプログラム。○は順序処理のみ利用した、長いプログラム）。
- 支援員がT1、担任がT2として授業を行った。

以下に◎や○を記述したワークシートを示す。

8時限目

- Scratchのブロック表記を2年生の発達段階に合わせてひらがなに変更した。
- 「おたからゲットゲーム」というゲーム感覚で行える課題を準備し、リテラシーを高めるようにした。
- パワポで各ブロックの説明をする場面で、アルゴロジックのブロックも併記し、児童に分かりやすく説明した。
- 8時限目と同じく、支援員がT1、担任がT2で授業を行った。
- プログラミング実行後のペンの軌跡に着目させ、次時へつなげた。
- 7時限目と同様、ミニ先生による対話的な学びの場面設定をした。

以下にScratchでの課題「おたからゲットゲーム」の画面を示す。

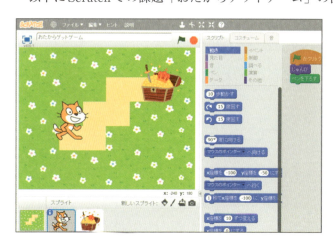

先生による補足：コマンドを拡大印刷してホワイトボードに貼り、児童にアルゴリズムを説明するのに使いました。児童自身が本アプリを操作したわけではありません。

図2●ヒントボードの例

監修者から：どのようなエラーや試行錯誤がありましたか？
先生による回答：次のようなものがありました。
①順次処理においても、斜めに向かうプログラムで方向がわからなくなり、逆に進めてしまう。
②プログラミングはできても、長いプログラムをできるだけ短いものにする場合にまちがえやすい。特に「ループ」のブロックを置く位置。

9時限目
- 『Why!?プログラミング』の「No.11 奇跡のチョウを直せ」を視聴し、目的をはっきりさせることで、児童の意欲を湧き立て、主体的な学びにつなげた。「角度」とか「辺の長さ」という図形の特徴を捉えるための要素を意欲的に考えさせるためにも有効であった。
- 「辺の長さが同じ四角形」を意識させるようにした。
- 正方形の性質を理解させるために、ペア活動では、プログラミングの「繰り返し」を利用する時に、角度に注目させながら話し合わせようと考えた。
- 全体指導でのまとめの場面では、正方形と長方形の性質をプログラミングとつなげて、児童が発表し、その違いを知ることで、図形の特徴の理解を深めさせようと考えた。
- 担任がT1、支援員がT2で授業を行った。

以下にスクリプト例を示す。

❶順次処理　　❷繰り返しを使った　　❸繰り返しを使った
　　　　　　　　短いプログラム　　　　長方形のプログラム

3.4 評価のポイント
（学習態度／教科としての理解／プログラミングの理解）

7時限目
- パソコン室の約束を守って、アルゴロジックを楽しむ。
- アルゴロジックを理解し、平易なプログラムを作成する。

8時限目
- プログラミング時に伝え合ったり、教え合ったりする。
- Scratchのブロック「○ほうごかす（○歩動かす）」「○どまわす（○度回す）」「ペンをおろす（ペンを下ろす）」「○かいくりかえす（○回繰り返す）」等の意味を理解する。

9時限目
- 「奇跡のチョウを直す」プログラミングに意欲的に取り組む。
- 順次処理のプログラミングを完成させた児童から順に「繰り返し」を利用し、できるだけ短くきれいなプログラミングにする。

監修者から：これらの評価項目は達成できたでしょうか。
先生からの回答：総じて、以下のよう評価しています。
学習態度
「パソコン室の約束」を単元のはじめに伝えてあり、2年生の発達段階において十分満足できる状態でした。
教科としての理解
後述しますが、どちらかというと、低位に当たる児童の正方形の概念についての理解が深まったと考えます。
プログラミングの理解
2年生ということで、順次処理が中心ではありますが、満足できる状態でありました。
大府市は今年度、カリキュラムをデザインし評価の仕方も考える予定です。ただ、基本は教科なので、プログラミングについての評価は極力抑えるつもりです。

監修者から：短いプログラムにすることは、アルゴロジックの目的でもあり、一般的にもよいプログラムの条件の1つですが、それが全てではありません。例えば、トリッキーなブロックの組み合わせを行うことで、短くなったとしても、読みにくく、分かりにくいプログラムになることもあります。このように、プログラムの正解は1つではないことも重要なポイントです。

- ペア活動で伝え合ったり、教え合ったりする。
- 四角形のなかまの正方形の性質を理解する。

4 授業の様子と振り返り

4.1 児童の振り返り

児童の具体的な気付きや感想を、授業時の様子やワークシート、アンケートに基づいて以下に示す。

7時限目「はじめてのプログラミング　アルゴロジックを体験しよう」
- 電子黒板のプレゼンやヒントボードの活用により、児童たちはすぐにプログラミングに慣れることができ、意欲的に取り組んでいた。
- ワークシートを使うことによって、多くの児童が「できた」「また◎だ」など達成感を得ることができた。

8時限目「Scratchの使い方を知ろう」
- 「おたからゲットゲーム」を活用したため、児童たちは楽しみながら活動できた。
- その中で、プログラムを短くするための「繰り返し」を使うなどの気付きが出てきたので、紹介をし、次時につなげることができた。
- 「ミニ先生」を7時限目から取り入れているが、「答えを言わずに、ヒントをうまく伝えることができた。」「考え方がよくわかるようになった」などの感想から、伝え合い、聞き合う活動が浸透してきた。また、論理的に伝え合うことが少しずつではあるが、できるようになってきた。

監修者から：アルゴロジックとScratchとの違いについて、どのような気付きやつぶやきがあったでしょうか。

先生からの回答：2年生という発達段階においてアルゴロジックは、Scratchに入る前のつなぎのソフトとして活用しました。順次処理または反復処理などを行うのに、Scratchでは言葉が難しく、他の処理も多く例示して含まれるため、アルゴロジックのどちらかというと直感的に、また、ゲーム的に扱えるものとして活用しました。

児童たちは、両ソフトについて、特に比較することなくスムーズに移行できたと考えられます。教師側からはScratchに移行するときに、「アルゴロジックの〜という動きに近いよね」という言葉かけはしましたが、比較をしたがるのは大人だけではないかとも感じてもいます。

監修者からの質問：このような感想が出てくる背景として、ミニ先生について、普段どのような指導をしていますか。

先生からの回答：ミニ先生については3つの約束事を決めてあります。①ミニ先生が操作をしない、②ヒントをどう伝えたらいいかについて相手の分かりやすい言葉で伝える、③聞く方は答えを教えてもらおうと思わないように、です。

先生による補足：その要因は、1つは、プログラミング教育を通じて説明の機会が増えたこと、もう1つは、論理的なツールであり共通言語であるプログラミング言語を介したことによるものではないかと感じます。

9時限目「正方形の性質をプログラミングで理解しよう」

- 「奇跡のチョウを直せ」を授業の始めに見たことで、プログラミングに対しての課題が明確になり、意欲的に活動できた。
- 「ミニ先生」から「ペア活動」に変更したが、今までの経緯を経て、「ペアでも相談しやすかった」「話してくれることが、よく分かった」などの感想が聞かれた。
- 算数が苦手な児童でも、プログラミングを楽しみながら行うことで、正方形と長方形の違いや直角の概念が分かりやすかったと感じた。
- 前時に「くりかえす」というブロックを紹介しており、自ら気付く児童がいた。
- 算数科として、担任が授業を行ったため、のびのびと学習している様子であった。また、ふだんの教科学習では意見をなかなか持ちづらい児童も、プログラミングを交えることによって、活躍の場が広がった。

> **監修者から**：ペア活動の具体的な進め方を教えていただけますか。また、ペア活動に変更したのはなぜですか。
> **先生からの回答**：具体的な進め方は、授業の始めに「プログラミングを行うときは隣同士で伝えあってもよい」と伝えています。あとは自然発生的に伝えあっています。ただ、あまり、活動時間が長引かせると遊ぶ児童(遊びも大切ですが)が増えるので、区切ってメリハリをつける必要はあります。
> 「ミニ先生」から「ペア活動」に変更した理由は、この時間までは、できる子がある程度決まっていましたが、回数を重ねることで、できる子が増えてきたためです。また、「聞く、話す」活動もスムーズであったため、席を離れることなく、隣同士のペアでも十分に伝え合う活動が可能と判断し、変更しました。

4.2 先生の振り返り

実施時の具体的な気付きなどに基づいて以下に示す。

- 児童たちが伝え合う場面など、ふだんの教科指導では、あまりない姿であった。意図的に対話的な場面をつくることで、深い学びに結びついたのではないか。
- 今までは答えが間違っていたら、あきらめていたような児童がプログラミングを通して、より深く考え、試行錯誤しようとしている姿が見られた
- 算数の理解が不十分な児童が急に課題に積極的になったり、理解しようと努力したりしている姿には感動した。
- プログラミング教育実施にあたり、プログラミング自体の指導が難しいと感じた。しかし、大府市にICT支援員によるサポートを受けられ、具体的なソフトの使用法や技術的な不具合の対応を任せられるため、安心して授業に臨めた。
- 今後、英語科も入り、時間数の確保が必要である。今回は2時間、学級活動の時間を使ったが、プログラミング学習、とりわけリテラシーのためのカリキュラムマネジメントを丁寧に行う必要がある。
- タブレットなどが家庭でも普及しているため、児童は、プログラミング教

> **監修者から**：なにが児童の試行錯誤の動因になったのでしょうか？ふだんから間違いを嫌がる児童はプログラミングでも同じような反応を示す傾向はあると思いますが。
> **先生による回答**：プログラミングの楽しさの一言につきると思います。そうした児童は間違いを嫌がるだけでなく、ノートに書いたり、消したりすることを得意としていません。しかし、何度間違えても、タブレットパソコンを導入後、操作を簡単にやり直したり訂正できることを、今までの授業で体験しているため、試行錯誤を繰り返すことができ、その児童なりの学びを獲得できたと考えます。

育を行う上での基本操作についての難点はなかったように感じる。そのため、学習に向かう雰囲気もよかったと思う。
・慣れている児童、プログラミング的リテラシーの高い児童もおり、レベル差はある。今回初めての実践であり、来年度はリテラシーが高まった状態で年間計画を立て、授業研究を行っていくため、より、学習の幅は広がると考える。
・本時に限らず本校の児童に対して不安に感じたこととが、キーボード文字入力のスキル不足である。今回の紹介実践は２年生であったため、大きな支障とは感じないが、ペンでの入力には限界があり、３年生以上の場合、キーボード入力のリテラシーも重要となってくる。

4.3 教育委員会から一言（今後の方針や抱負）

プログラミング教育については2017年9月より、東山小学校と大府市教育委員会との二人三脚で行ってきた。全ての学年で、授業研究を公開するなど積極的に取り組んでいただいた。今回の授業研究で再認識できたことは、「ICT教育とアクティブラーニングの相性のよさ」、「プログラミング教育による授業の中での対話場面の設定のしやすさ」であった。円滑にプログラミング教育の指導を行うためには、先生方にもプログラミング自体を遊びながら、関心を持ってもらうことが第一歩である。しかし、単にプログラミングすることが指導の狙いではないということを東山小学校には依頼をしてきた。先生方のご努力のおかげで、プログラミング教育の実践の過程の中で、児童たちの伝え合いが、論理的に話す力を身に付けるための一助となっている場面を垣間見ることができたことが大きな収穫である。

今後もプログラミング教育を推進していく中、プログラミング"で"学ぶ過程において、論理的な伝え合いにより、言語化やアウトプットの力が高まり、結果としてスピーチやプレゼンテーション能力の高まりにつながることが、大府市のICT教育の目指す姿である。そのために東山小学校における先行実証事例を基に、全国の先行事例も参考にして、大府型のプログラミング教育カリキュラム、すなわち標準化することが必要と考える。

こういった方策を通じて「ふるさとを愛し、世界にはばたく子」を実現していこうと考えている。

監修者から：対話的な学びを特徴としてあげるに当たって、ミニ先生やペア学習が作業中のどのような会話を促していましたか？例えば、それが指示的命令的なのか、同じ立場で相談検討するような関係なのか、あるいは一方を依存的にさせるようなものなのか、児童のやりとりからどのような割合になっているか、などはいかがでしょう。

先生による回答：本来、同じ立場で相談検討する関係で対話をできるように考えていました。ミニ先生で活動している時点では、8～9割できていたように感じています。ただ、ペア活動に移行した段階で、こうした会話は減り、教えようとしている側が指示的になることが多くなってしまったようです。この点については、この授業内でも指導していますが、国語等で「対話の進め方」のようなものを教科横断的に学年の発達段階に応じて行う必要があるとも感じました。

アベ先生の視点

「奇跡のチョウを直せ」は、主に新学習指導要領で例示されている5年生の「正多角形の作図」で使うことを想定したものですが、この授業では工夫次第で低学年でも使えることを示されたと思います。また、パズル型教材のアルゴロジックと、自由に制作できるScratchを組み合わされたことで、両者のよいところを引き出されています。パズル型だけでは内発的な動機付けにつながりにくい面がありますが、導入で使うのはよい方法です。さらに、ミニ先生とペア学習は、発達段階やそれぞれの子の特性に配慮する必要はあるものの、高い次元の主体性を引き出せる可能性を示せたと思います。Scratchを開発したミッチェル・レズニック教授も、子どもたちにバッジのような報酬より、ロール（役割）を与えるべきと言っています。

Column

小学校1、2年生の実践について

　Scratchの対象年齢は、公式には8歳以上となっており、NHK Eテレの番組をネットで閲覧できるなど学校向けサービスを提供している「NHK for School」[1]の『Why!?プログラミング』は小学校3年生以上を対象としています。しかし、これまで紹介した4実践事例のように、小学校低学年でも教科の目的に沿って効果的に活用することが可能です。

　小学校低学年でのプログラミング体験は、いきなり高度なことを目指すのではなく、「動き」や「音」など、簡単で親しみやすいブロックから始めるとよいでしょう。漢字が読めない場合は、画面左上にある地球のアイコンをクリックして「にほんご」に切り替えることができます。本書や番組では取り上げていませんが、「ScratchJr」という低年齢用のアプリもあり[2]、小学校1年生で算数の足し算、引き算の学習にScratchJrを活用した実践例もあります。

　また、小さな児童は、パソコンのキーボードやマウス、タブレットのペンやタッチの操作に習熟していないことも多いので、文字入力や細かな操作を必要とする場面をなくすなどの配慮が求められます。特にWindowsタブレットの一部の機種では、ペン先と入力位置がずれたり、ソフトウェアキーボードの操作が難しかったりすることもあるので、児童が操作につまずいていないかをよく観察し、場合によっては練習の時間を設けることも必要です。

　指導に当たっては、パソコンやタブレットをうまく扱えないことが、プログラミング嫌いにつながらないように注意してください。

[1] NHK for Schoolについて詳しくは以下を参照。
http://www.nhk.or.jp/school/

[2] ScratchJrについて詳しくは以下を参照。
https://www.scratchjr.org/

> **Column**
>
> ### Scratchがなぜ世界の教育現場でこれほど普及しているのか
>
> 　Scratchは、世界で約3,200万人、日本でも約33万人に使われています（2018年10月現在の登録ユーザー数）。そして、年間で約1.7倍の率で増加しています。これほどScratchが普及した理由はいくつか考えられますが、その1つに、敷居が極めて低いことが挙げられます。具体的には、キーボードからの文字入力の代わりに、マウス操作で画面上のブロックを組み立てることで、プログラムが作成できること、それにより、やっかいな文法エラーが起こらなくなったことが大きいでしょう。扱う対象も、アニメーションや音楽など、児童たちにとって親しみやすいものが用意されているので、即座に自分たちが作りたいものの作成に取りかかることができます。その一方で、プログラミング言語としての基本はしっかりしており、より高度な作品づくりや、外部のセンサーやロボットなど連携した応用も可能です。
>
> 　また、Scratch 2.0のオンライン版では、多くの学校で使えるInternet Explorer（IE）とAdobe Flashで動作するため、インストールの手間がいらないこともポイントです（2019年1月にリリース予定のScratch 3.0では、Flashが不要になり、iPadやAndroidタブレットなどにも対応しますが、IEのサポートは終了します）。インターネット環境が不十分な場合は、アプリをインストールしてオフライン版を使うこともできます[※1]。
>
> 　書籍などの情報も豊富で、例えば、「小学校プログラミング教育の手引」[※2]に掲載されている正多角形の作図と電気の利用のプログラム例もScratchのブロックに近い表記になっているので、学校現場で使いやすいこともあります。
>
> ※1 Scratch 3.0のリリース後は、Scratch 2.0のオンライン版は使えなくなる予定ですが、同オフライン版は継続してダウンロードできる予定です。
>
> ※2 「小学校プログラミング教育の手引」については以下を参照。
> 　　http://www.mext.go.jp/a_menu/shotou/zyouhou/detail/1403162.htm

> **Column**
>
> ### 日常的なICTの活用
>
> 　2017年3月改訂の学習指導要領では、全ての「学習の基盤となる力」の1つに情報活用能力が挙げられています。教室での大半の授業では教科書・ノートや鉛筆、消しゴムが必要なように、これからの学びでは、タブレットやパソコンなどを児童自ら日常的に使いこなすことを想定しているわけです。児童のICT利用頻度がほぼ毎日になれば、Scratchとの付き合い方も大きく変わります。授業で与えた課題をその場で解くためだけに使わせるより、むしろ、児童が形にしたいことや試してみたいことを自在に組み立てられる道具にしたいものです。

> **Column**
>
> ## パソコンスキルの育成とプログラミング
>
> 小学校では情報に関する教科が設定されていないので、マウス操作、キー入力をはじめとするパソコン操作全般の「使い方」訓練の時間が取れないという心配の声があります。しかし、児童に具体的な活動目的や動機付けを持たせぬままで、操作ばかり訓練させてもスキルは身に付きません。
>
> 自らプログラミングでものを作る、プログラムを作りながら学ぶ、は児童にとって強力かつ具体的な目標や理由なので、プログラミングそのものに加えて、パソコンスキルも併せて身に付くものと捉え、カリキュラムや指導のあり方を検討するとよいでしょう。

> **Column**
>
> ## Scratchプログラミングを学校で体験するためのICT環境
>
> Scratchは、ごく一般的なコンピュータ（パソコン）で扱われることを想定して作られています。パソコンの型はデスクトップ型でもノート型でもかまいませんが、画面（モニター）はできるだけ広い方が使い勝手がよいでしょう。
>
> また、マウスを使用する場合、特に低学年児童は手が小さく操作が難しいため、配慮が必要です。ノート型パソコンのタッチパッドのほうが低学年児童では操作がスムーズになるかもしれません。なお、ペンや指で操作するタッチ式モニターのノート型パソコンは、現状では誤動作や操作ミスがおきやすく、あまりお薦めしません。すでにタッチ式モニターのノート型パソコンを導入されている場合には、外付けマウスの導入を検討することをお勧めします。
>
> 他方、音楽、音声を扱う場合には、ヘッドホンは必須のアイテムです。
>
> 一方、最近流行りのタブレット型パソコンは、現在のScratchとの相性があまりよくありません（次期バージョンのScratch 3.0ではタブレット用のインタフェースも用意される予定）。タブレット型パソコンは画面が狭く、画面のタッチ機能でScratchのブロックや数値を操作するのが面倒です。ただし、タブレット型パソコンはカメラやマイクを内蔵していることが多いため、持ち運んでその場で写真を撮ったり、音声や音を録音してScratchプログラミングの素材に使ったり（130ページの岐阜聖徳学園大学附属小学校の実践例を参照）、コマ撮りのアニメーションを作ったりしやすいという利点があります。
>
> 本書の読者の先生方の多くは、学校に置かれているパソコンでScratchプログラミングを行いたいと考えるでしょう。学校のパソコンでScratchプログラミングを行う際には、実践中にトラブルが出て慌てないように、以下のような点を事前に確認しておく必要があります。
>
> ❶ Scratchサイトに直接アクセスができますか？
>
> Scratchのサイト[※1]にアクセスができなければ、パソコンのフィルタリング設定の調整を業者等に依頼するか、もしくは、オフラインエディター（Scratch 2.0の場合のみ。1.4であればインストールしなくてもZIP形式のアーカイブファイルを展開したフォルダを置くだけで使えます[※2]）が使えるようにしてもらいましょう。

❷ Adobe Flashは無効になっていませんか？

　Scratch2.0はAdobe Flashで作られています（Scratch 1.4や3.0ではFlashは不要）。このFlashが無効になっていると動作しません。アプリのインストールが制限されている場合は、事前に使えるように設定しておく必要があります。

❸ パソコンの入出力端子は有効ですか？

　Scratchは外付けのインタフェース機器を使ってセンサーを制御したり、LEDを光らせたりできます。しかし、パソコンのUSBコネクタや音声入出力端子が無効にされていると使えません。もし、使う見込みがあるならば、これらを有効にしておく必要があります。追加のアプリやドライバーのインストールが必要な場合もあります。

※1 Scratchのサイトは以下です。
　　https://scratch.mit.edu/

※2 Scratch 1.4は以下からダウンロードできます。
　　http://ec.nikkeibp.co.jp/nsp/2013seminar2/WinMacScratch1.4.zip

中学年

50	**3年生｜社会、または総合**
	消火活動のネットワークをプログラミングで表現しよう

56	**4年生｜国語**
	漢字シューティングゲームを作ろう

70	**4年生｜社会と算数の合科**
	学区と近隣をたんけんして調べよう

78	**4年生｜総合**
	オリジナルキャラクターを動かそう

86	**4年生｜総合、または学級活動**
	デジタル通信の原理を知ろう

中学年 | 3年生 | 社会、または総合

消火活動のネットワークをプログラミングで表現しよう

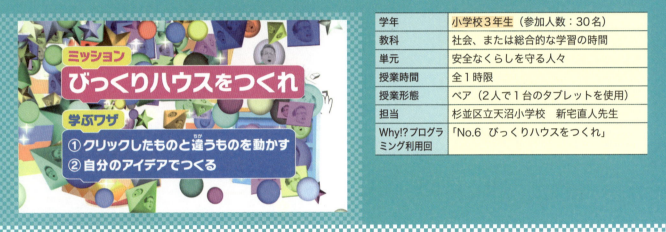

学年	小学校3年生（参加人数：30名）
教科	社会、または総合的な学習の時間
単元	安全なくらしを守る人々
授業時間	全1時限
授業形態	ペア（2人で1台のタブレットを使用）
担当	杉並区立天沼小学校　新宅直人先生
Why!?プログラミング利用回	「No.6　びっくりハウスをつくれ」

> **先生による補足**：現行学習指導要領では小学校3・4年扱いですが、新学習指導要領では3年扱いです。

1 ［授業の概要］

- プログラミングが苦手な児童を考慮し、あえて2人1組で実施した。
- 社会科で学習した内容をプログラミングすることで現実とコンピュータを対比できた。
- 『Why!?プログラミング』で学んだ「メッセージ」を作品づくりで活用した。
- スプライトや色を変えるといった試行錯誤しやすい作品内容である。
- 6年生理科「電気の性質や働き」に発展させることも可能な授業内容である。

2 ［前提条件と準備］

2.1 環境

2.1.1 機材について
プロジェクタ、スクリーン（番組視聴用）、1人1台の端末（後述）

2.1.2 ネットについて
インターネット接続あり（無線）

2.1.3 端末について
タブレットパソコン（Windows 10 搭載、11インチディスプレイ、タッチペンあり、マウスなし）

> **先生による補足**：この授業はペア（2人で1台のタブレットを使用）で実施しています。プログラミングに慣れている子は多くはないので、苦手な子でも楽しみながら参加できることや互いのアイデアを融合させながら作品をつくることを意図したためです。

> **先生による補足**：NEC製で、型番はPC-VK16XTAHNです。

SKYMENU Class：Skyの学習活動支援ソフトです。
https://www.skymenu-class.net/

2.1.4 ソフトウェアについて
Scratch 2.0、SKYMENU Class 2015（発表ノート）

2.2 習熟度

2.2.1 学校情報機器の利用頻度と一般的操作習熟度
タブレットは、ほぼ毎日利用。用途は、「NHK for School」視聴、ロイロノートによる発表など。

2.2.2 児童のプログラミング習熟（全体レベルと個々人の差）
すでにScratchを4時限実施。クラス（全30人）のうちの2人がプログラミングを習っているが、それほど習熟しているわけではない。全体としてはほぼ全員が初心者に近い。タブレットパソコンの操作については慣れているため、トラブルはあまりない。

2.2.3 先生のプログラミング習熟
約半年前からScratchを始める。所属校がプログラミング推進校のため、校内研究などでScratchの基本的な使い方などは学んだものの、まだ初心者の域を出ない。

2.2.4 先生以外の支援体制
担任に加えて1名がICT支援員として補助。

2.3 準備

2.3.1 指導案・提示教材・資料等
約3時間かけて後述する指導案およびサンプルプログラムを作成。

2.3.2 サンプルプログラム
フリーイラストを使用したサンプルプログラムを作成し、共有フォルダに保存。

3 ［授業内容と指導案］

3.1 単元の狙い／単元計画／プログラミングの活用形態

［単元の狙い］
- スクリプトを工夫することで、1つの命令によって複数の動作を関連付けるプログラムをつくることができる（図1）。
- 社会科で学習した「消防の仕事」に関連して、消防署・警察署・電力会社・ガス会社・病院・水道局などが情報をすばやく共有していることを捉える。また、情報共有システムのモデルを完成させるためにどのようなプログラムが使われているのかについて、試行錯誤をしながら探究する。

ロイロノート：LoiLoの授業支援ソフトです。
https://n.loilo.tv/ja/

先生による補足：基本的な操作（プログラムの組み方）を2時限、『Why!? プログラミング』の「No.1 壊れた魚を動かせ」「No.2 おかしな踊りを直せ」にそれぞれ1時限です。

先生による補足：具体的には、「これで大丈夫！ 小学校プログラミングの授業」（翔泳社、2018）を読んだり、『Why!? プログラミング』を全話（授業準備時に公開されていたもの）視聴したりしています。

先生による補足：以下に挙げたようなフリー素材を活用しています。
スイッチ
https://illustimage.com/?id=603
消防署
https://kohacu.com/201706 15post-10267
火事の家
http://illustrain.com/?p=30804

監修者から：フリー素材といっても、さまざまなライセンスがあります。一般に学校の授業で使う際には問題ないと思いますが、もしScratchのサイトにアップロードして、共有すると、CC BY-SA 2.0※ライセンスが適用されるので（再配布、商用利用可能）、元のライセンスと整合するかどうかの確認が必要です。
※ https://creativecommons.org/licenses/by-sa/2.0/deed.ja

図1●動作の関連を説明

中学年 | 3年生 | 社会、または総合

[単元計画]
社会科「消防の仕事」の学習直後に実施。

[プログラミングの活用形態]
試行錯誤しながらスクリプトを組んでいくことで、プログラミング的思考そのものを伸ばしていくために活用。
社会科「消防の仕事」において「火災の際にはさまざまな機関が協力・連携して消火活動に取り組んでいること」を理解するためにプログラミングを活用。

3.2 学習計画（授業の流れ・実践の手順）

配分時間と詳細

段階	●主な学習活動　・児童の反応	指導上の留意点　◆評価
導入 (3分)	●火災が起きた際に対応をする機関について振り返る。 ・消防署　・警察署　・病院　・ガス会社	消防署の他にも、水道局や電力会社など、複数の機関が関わっていたことを想起させる。
(10分)	●本時の課題を理解し、『WHY!?プログラミング』を一斉視聴（図2）。	番組中に登場する<u>「メッセージを送る」</u>と<u>「メッセージを受け取ったとき」</u>に着目するように指示しておく。 ［スイッチがおされた▼ を送る］ ［スイッチがおされた▼ を受け取ったとき］
展開 (20分)	●教師が配布したサンプルプログラム（次ページ）を基に、関係機関のネットワークをプログラミングで表現する。（自由活動、図3）	番組で使われたスクリプトを活用するように指示する。 2人で1台のタブレットを使い、協力してプログラミングする。 ◆「〜を送る」と「〜を受け取ったとき」のスクリプトを活用し、自分の思い通りに動くネットワークをプログラムしている。 その他、児童の使用が予想されるスクリプトの例 ［ガスを止めます！ と言う］ ［終わるまで サイレン▼ の音を鳴らす］
(10分)	・災害救急情報センターから発信された情報が一斉に届くようにしたい。 ・ガス会社は指示を受け取ったら「ガスを止めます」と言わせよう。 ●自分の作品を発表し、工夫したところを説明する（図4）。また、友達の作品の工夫やよいところを考える。 ・すごい、火の色が変わった。 ・水がうまく飛んでいるね。 ・1つのスイッチを押すとみんなが行動しているね。	SKYMENU Classを使ってスクリーンに映して発表させる。
まとめ (2分)	●社会科の学習と関連させてまとめる。 ・火災が起きたときには、情報がすばやく共有されるね。 ・私たちの安全な暮らしを守るために、<u>いろいろなところでプログラミングが使われているのかな</u>。	◆火災が発生した際には、すばやく情報を共有することで、関係機関が連携・協力して対応している。

「メッセージを送る」と「メッセージを受け取ったとき」：「スプライト（キャラクター）間で処理を依頼するための「メッセージ」と呼ばれる仕組み。あるスプライトで「〜を送る」ブロックが処理されると、「〜」の部分が一致する「〜を受け取ったとき」ブロックを持つスプライトで処理が行われる。

図2 ●一斉視聴している様子

図3 ●自由活動の様子

図4 ●作品発表の様子

監修者から：児童の皆さんが作成したプログラムと実際のプログラムの構造や仕組みが同じかどうかについては、注意が必要かもしれません。

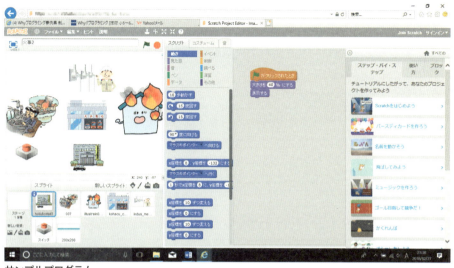

サンプルプログラム

3.3 指導のポイント

[教科単元として]

社会科の「消防の仕事」では、消防署だけでなく、電力会社や病院など、多くの関係機関が連携・協力してそれぞれの働きをしていることがポイントとなる。プログラミング活動を通して、これらの機関が迅速なネットワークでつながっていることを理解できることが期待される。

[プログラミング学習として]

本時では一度の動作（クリックなど）で複数のスプライトに対して指示を発信し、それぞれのスプライトが指示に合わせてリアクション（セリフを言う、水を出す、サイレンを鳴らす等）をできるようにする。人間が1つずつ指示を出し、操作すると大変な時間と手間が必要なことも、プログラミングによって一瞬でできてしまうことを捉えさせる。

[児童生活への波及]

この学習を通して、消防の仕事以外にも、社会生活のさまざまな場面でプログラミングが生かされていることに気付かせ、関心を持たせたい。

3.4 評価のポイント

[学習態度]

新しく学んだスクリプト「メッセージを送る」を効果的に使おうとしているか。また、それぞれのスプライトが「メッセージを受け取ったとき」に行うリアクションは見た目、動き、音などこれまでに学習したさまざまなスクリプトを使うことで工夫できるので、いろいろなアクションを試行錯誤させるとよい。

監修者から：メッセージは、人間が言葉で指示を出すことを模した仕組みです。例えば、ある人が「はじめ」というメッセージを送ったとき、それを受け取った人はそれぞれの役割に応じて、セリフを言ったり、水を出したり、サイレンを鳴らしたりします。これは、それぞれの人があらかじめ「はじめ」に対応する処理を知っている（プログラムされている）からで、その点はコンピュータと変わりません。このような仕組みを「オブジェクト指向」と呼び、現実の物事をコンピュータでモデル化しやすくするために考案されました。

中学年 | 3年生 | 社会、または総合

> **先生による補足**：火災という一刻を争う事態において、情報ネットワークをあらかじめプログラムしておくことで迅速な連携ができるということに気付いていました（授業後の感想から）。

[単元の理解]

　社会科の学習と関連させて、実際に災害救急情報センターが関係諸機関に迅速に連絡をすることで、速やかな消火活動が行われていることを理解させる。

[プログラミングの理解]

　スクリプト「メッセージを送る」の特性として、1つの動作をするだけでいくつもの指示を同時に出すことができることが挙げられる。とても便利なプログラムなので、自分たちの身の回りでも活用されている事例を探させたい。

4 [振り返り（フィードバック）]

4.1 児童の振り返り

　本時で新しく登場したスクリプト「メッセージを送る」は一度の実行で複数のスプライトに指示を送ることができるため、はじめは戸惑う児童が多かったが、仕組みが分かるとどんどん工夫を重ねていく姿が見られた。授業後のアンケートでは、友達の作品に自分が気付かなかったスプライトの動き（例えば火の色を変える、サイレンの音を流すなど）があることに驚いた様子が多く記述されていた。次回はもっと多様で複雑な動きに挑戦したいという児童が多くいた。

4.2 先生の振り返り

　今年度に入って5回目のScratchの授業であったが、第1〜4回目と同様に、児童の吸収力の高さに驚かされた。今回、新たに学んだスクリプト「メッセージを送る」を使うこと以外は詳しい指示を出さずに自由に作らせてみたが、スイッチを押すことで炎の色を変える児童や、自分の「ウーウー」という声を録音してサイレンを鳴らそうとする子など、随所で工夫を見ることができた。

　本校では1人1台のタブレット端末があるが、日によっては回線の関係で人数分のScratch（オンライン版）を起動すると動作が重くなることがある。そのためもあって2人で1台としたが、操作画面が小さいために2人だと作業がしづらいことが難点として挙げられる。画面の大きさを変えられるようなバージョンアップを期待している。しかし、そんな状況下でも、それぞれのペアがアイデアを出しながら1つの作品を仕上げていたことはとても良かった。社会科はまだプログラミング教育と関連させた事例が少ないので、今後さらに教材開発させていきたい。

> **監修者から**：Scratchにはオフライン版もあるので、それを使うこともできます。

> **監修者から**：プログラムを作成する場所の大きさは、「編集」メニューの「小さなステージ」を選ぶことで広くできます。また、ブロックの大きさは、画面右下の「+」ボタンを押すことで大きくできます。

4.3 校長から一言

　プログラミング教育やScratchについては、だいぶ学校教育に浸透してきたように感じるが、国語や算数など教科とタイアップした事例はまだ限定的で、

誰も手を付けていない分野がたくさんある。Scratchは子どもたちの探求心に火を点けるような良いソフトなので、さらに可能性を探ってほしい。また、ぜひ「プログラミングの楽しさ」を味わえる授業実践を積み重ねてほしい。

アベ先生の視点

コンピュータの仕組みと、現実の物事の仕組みが似ているところと違うところを考察するのは、面白い着目点です。

Scratchが使いやすくなっている理由の1つは、コンピュータの世界に、私たちが日常的に使っている考え方を取り入れていることです。そのため、比喩や類推を使ったプログラミングが可能になっています。

一方で、機械よりの従来のプログラミング言語に比べて、人との違いが分かりにくいことがあるかもしれません。とはいえ、コンピュータはプログラムした通りにしか動かない、融通が利かない、(正しくプログラミングされていれば) 人に比べて高速に正確に処理ができるなどの違いは変わりません。このあたりに着目して議論すると面白いと思います

また、実際の消防の仕組みの一部を、センサーやLEDなどを使って、プログラミングで実現すると、6年生理科の電気の利用における「与えた条件に応じて動作していることを考察し、さらに条件を変えることにより、動作が変化することについて考える場面」に発展させることもできると思います[※]。

※ 6年生理科の電気の利用の事例は、118ページの「自分たちの節電プログラムを考えよう」を参照。

中学年 | 4年生 | 国語

漢字シューティングゲームを作ろう

学年	小学校4年生（参加人数：28名）
教科	国語
単元	漢字のまとめ
授業時間	2・3時限目（全4時限）
授業形態	ペア活動
担当	椙山女学園大学附属小学校　福岡なをみ
Why!?プログラミング利用回	「No.3 文房具でシューティングゲームを作れ」（その回の「ジェイソンをプログラミング　分岐」を含む）

1 ［授業の概要］

・部首の学習にゲーム的要素を入れることにより、児童の関心と意欲を高めることができた。
・児童がゲームを制作する際にペアでプログラミングすることにより、「話す・聞く」という伝え合う活動もできた。
・ワークシートの活用により、プログラミング活動における単元の理解への効果も確認できた。
・自分が作ったゲームを低学年に使ってもらうことで、より多くの気付きが得られた。

2 ［前提条件と準備］

2.1 環境

2.1.1 機材について

電子ディスプレイ（ビデオ視聴用と全体指導用）

2.1.2 ネットについて

インターネット接続あり（有線）

2.1.3 端末について

タブレットパソコン（Windows 8搭載、12.5インチディスプレイ、タッチペンはあるが、このゲーム制作ではマウスを使用）

先生による補足：NECのVersa ProタイプVZ。主メモリは4GB、ハードディスク容量は118GBです。

2.1.4 ソフトウェアについて

Scratch 2.0

2.2 習熟度

2.2.1 学校情報機器の利用頻度と一般的操作習熟度
メディア室にあるWindowsパソコン30台を共有使用。主に低学年が使用。
3年生から1人1台でタブレットパソコンを個人持ち。週に3～5回授業に使用。

2.2.2 児童のプログラミング習熟（全体レベルと個々人の差）
ロボットプログラミングを1学期に10時間程度、2学期に7時間程度実施。Scratchは今回が初めて。

2.2.3 先生のプログラミング習熟
2017年度からロボットプログラミングの授業開発に取り組んでいる。Scratchは今回が初めて。

2.2.4 先生以外の支援体制
ICT支援員がいる。「総合的な学習の時間」専科の先生がTTで授業に参加することもある。

2.3 準備

2.3.1 指導案・提示教材・資料など
7時間程度かけてスクリプトと指導案、ワークシート（後述）を作成。

2.3.2 サンプルプログラム
ワークシートにテンプレート（後述）として印刷して児童に配布。

3 ［授業内容と指導案］

3.1 単元の狙い／単元計画／プログラミングの活用形態

漢字の部首は3年生で学習する。部首には、へん、つくり、かんむり、あし、かまえ、にょうがあることを学ぶ。そのためこの実践は3年生でも取り組むことが可能である。

4年生は、これらの部首については既習だが、教科書の各単元の補足として「同じ部首の漢字」があり、部首についての学習が継続するよう補足されている。今回の実践は、4年生にとっても、部首の学習のまとめとして意義がある（以下で示す「プログラミングの前の漢字の学習で使用したワークシートの例」を参照）。

この単元では従来、漢字の部首について学習した後、紙で作った部首かるたを用いてかるた取りゲームをするなどしていた。ゲーム的要素を入れて楽しく覚えようという趣旨である。これをプログラミングに変えることで、児童の関

監訳者から：児童がタブレットを扱う態度は自然で、日常化している様子がよく分かりました。普段から使っていない学校にありがちな、タブレットが使えるというだけで落ち着かなくなったり、準備に手間取って、なかなか授業が始められないということもありませんでした。

先生による補足：レゴのWeDo 2.0とマインドストームEV3を使用したものです。

先生による補足：IT支援員のスキルと関わり方は以下の通りです。
スキル：ICT機器やソフトウェアについて基礎的な知識があり、適切な準備、活用支援、管理ができる。
関わり方：授業に参加し、児童の操作の支援やトラブル対応支援を実施。新しいアプリの紹介や一斉ダウンロードなども行う。

TT：ティーム・ティーチングの略。2人以上の先生が協力して児童を指導する授業形態。

> **先生による補足**：他学年の児童や、他のクラスの児童もゲームを実施したがっていました。

心意欲をより高めることができたと考える。プログラミングを目的としたのではなく、部首についてより楽しく遊びながら学び合うという点で国語の学習と見なせるであろう。

・プログラミングの前の漢字の学習で使用したワークシート

　以下では、「単元の目標」「プログラミングの活用」「評価基準」について、学習計画に先駆けて示す。

・単元の目標
　漢字の部首の種類を知り、部首と他の部分を正しく組み合わせることができる。

・プログラミングの活用
　漢字の部首について理解を深めてもらうために、プログラミングを活用する。
　・漢字のまとめの学習として、ペアでプログラミングを行う。
　・ゲームを作る準備として漢字の部首についての復習を行う。
　・ゲームを製作する際に、ペアでテンプレートを伝え合う活動や、創造的に改良する活動の中で、「話す・聞く」場を設定する。
　・自分たちでゲームを行うだけでなく、下学年の児童にもゲームを提供することで、「役に立てた」という成就感をもたせる。

・評価基準（国語科とプログラミング学習に分けて示す）

国語科の評価

関心・意欲・態度	話す・聞く能力	言語についての知識・理解・技能
・漢字の部首について興味を持ち、部首と他の部分を組み合わせるゲームを制作する活動を楽しもうとしている。 ・下学年に分かりやすく説明する文章を考えようとしている。	・テンプレートの言語を正しく伝えたり、聞き取ったりできる。問題点や改善点などを、相手に分かりやすく伝え、相手の意見をしっかり聞くことができる。 ・下学年がゲームを行う際に分かりやすくルールを説明する文を考えることができる。	・漢字の部首の名前を知り、他の部分と正しく組み合わせてゲームを制作することができている。 ・正しい漢字になるようにシューティングゲームを行い、ワークシートに漢字を記入することができる。

> **監訳者から**：座標の理解など、算数との合科と言えるでしょうか。
> **先生からの回答**：4年生の算数「箱の形を調べよう」で、直方体と立方体を使って、平面上や空間のものの位置の表し方について学びます。「高さ」「横」「たて」という言葉で学習します（X座標・Y座標・Z座標とは言いません）。
> 本クラスは、このシューティングゲームのおかげで、算数で上記の学習をしたときは、理解度が高かったです。この実践時点では、算数の「箱の形を調べよう」の予習となりましたが、今から振り返れば、算数の合科として扱えばよかったとも思います。

プログラミング学習の評価

関心・意欲・態度	創造力	思考力
・シューティングゲームができるよう意欲的に取り組んでいる。	・テンプレートを改良し、動きや音などをよりよく工夫できている。	・X座標・Y座標を理解して、キャラクターの動きなどをプログラミングできる。 ・「もし〜なら」ブロックなどを活用し、シューティングゲームができている。

3.2 学習計画（授業の流れ・実践の手順）

3.2.1 配分時間と詳細

4．学習計画　（全4時限）

次	時数	主な学習活動・学習内容
1	1	・漢字の部首は、どのようなものがあったか、復習する。 ・へん、つくり、かんむり、あし、かまえ、にょうについて、どのようなものがあったか話し合う。また、それらの部首のつく漢字を想起し、ワークシート（前述）に記入し、話し合う。 ・漢字シューティングゲームを制作するペアを決め、担当する部首を話し合う。
2	2 (本時)	・シューティングするキャラクターを決め、『Why!?プログラミング』を見て、X座標・Y座標を理解し、上下左右に動くようプログラミングをする。 ・『Why!?プログラミング』を見て、「ずっと」ブロックや「もし〜なら」ブロックを活用して、部首がキャラクターから発射されるようにプログラミングをする（図1）。 ・部首ではない部分が、画面を飛ぶように動くようにプログラミングをする。テンプレートを参考にするが、アイデアを生かしてプログラミングを行う。
	3 (本時)	・『Why!?プログラミング』を見て、部首ではない部分が、画面を飛ぶようにし、部首にシューティングされると正しい漢字になるようにコスチュームを変えたり、音が出たりするようにプログラミングをする。 ・自分たちのゲームを、それぞれのアイデアを生かしてプログラミングをする。 ・友達がプログラミングした漢字シューティングゲームを行い、下学年の児童が取り組む際の改善点などを話し合う。 ・自分たちのゲームの改善などを行う。
3	4	・3年生を招いて、ゲームの仕方や注意を説明する。3年生が楽しんで学習できるよう工夫しながら話す。

2時限目の指導の詳細

時間配分	学習活動	指導上の留意点	評価の観点と方法
20分	1　教師の作った漢字シューティングゲームのキャラクターの動きについて話し合い、自分たちのキャラクターを設定し、プログラミングをする。 (1) シューティングをするキャラクターを設定する方法を理解し、ペアごとに設定する（後述のテンプレート1を参照）。 (2) 教師のシューティングゲームを見て、キャラクターがどのように動いているかを話し合う。	・カテゴリーから好きなキャラクターを選ばせる。 ・魔女のキャラクターが、上下左右に移動できていることに気付かせる。	

> **監訳者から**：これは、「プログラミング的思考」を育んだと解釈できるでしょうか。
>
> **先生からの回答**：プログラミングに使う言葉の意味を理解し、順序よく文を作っていくという意味で、思考力がいると思います。そのうえ、自分の目的達成のために、どのようにプログラミングするか考える、つまり意図を持って文を作ることは、論理的思考力といえると思います。

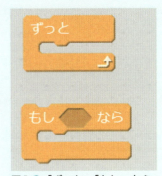

図1●「ずっと」「もし〜なら」ブロック

中学年 | 4年生 | 国語

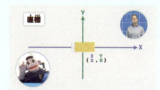

図2● 「文房具でシューティングゲームを作れ」で座標を学ぶ

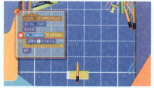

図3● 「文房具でシューティングゲームを作れ」でシューティングの動きを学ぶ

2時限目の指導の詳細（つづき）

時間配分	学習活動	指導上の留意点	評価の観点と方法
20分	(3) 「文房具でシューティングゲームを作れ」を1分20秒〜3分10秒まで視聴する（図2）。 (4) テンプレートの座標に上下左右に動かしたい時の座標を記入し、確認し合う（後述のテンプレート2を参照）。 (5) テンプレート3（後述）を参考にしてペアで、プログラミングを行う。	・X座標とY座標の意味を理解させる。 ・上下左右に動かすときの座標を正しく理解させる。 ・ペアに1枚のテンプレートを1人が読み上げ、1人がパソコンを操作するようにさせる。	・X座標、Y座標を正しく理解できているかを、プログラミングをする様子から把握する。 ・シューティングゲームができるよう意欲的に取り組んでいるか、活動の様子から把握する。
10分	2　部首のスプラウトを手書きして、プログラミングをする。 (1) スプライトを手書きで設定する方法を知る。 (2) 「文房具でシューティングゲームを作れ」5分54秒〜6分54秒まで視聴する（図3）。 (3) 教師の作ったシューティングゲームを見て、キャラクターから発射される部首の動きを話し合う。 (4) テンプレート4（後述）を見ながら、ペアでプログラミングをする。	・線を太くして見やすくするように注意させる。 ・シューティングの動きを理解させる。 ・魔女のほうきの先から部首が出ていることに気付かせる。 ・動きとテンプレートの言葉を確認させる。 ・ペアに1枚のテンプレートを1人が読み上げ、1人がパソコンを操作するようにさせる。	・「もし〜なら」が起こる状況を理解してプログラミングを行っているか、プログラミングを行う様子やゲームから把握する。 ・テンプレートの言語を正しく伝えたり、聞き取ったりできているか、活動の様子から把握する。 ・問題点や改善点などを、相手に分かりやすく伝え、相手の意見をしっかり聞くことができているかを、活動の様子から把握する。
14分	3　正解にならない部分のスプライトを設定し、プログラミングをする。 (1) スプライトを手書きする。 (2) 教師の作ったシューティングゲームを見て、正解にならない部分の動きを話し合う（後述するテンプレート5）。 (3) テンプレート6（後述）を見ながら、ペアでプログラミングをする。 (4) 2つめの正解にならない部分のスプライトを手書きして、ペアでプログラミングの方法を話し合い、プログラミングをする（後述するテンプレート7）。	・「もし端に着いたら、跳ね返る」動きが続いていることを確認する。 ・ペアに1枚のテンプレートを1人が読み上げ、1人がパソコンを操作するようにさせる。 ・ペアで創意工夫してプログラミングをさせる。	・「ずっと」や「もし」の意味を理解して活用することができているか、発言やプログラミングをする様子から把握する。 ・テンプレートを改良し、工夫できているか、活動の様子から把握する。
1分	4　本時のまとめと次時の予告		

3時限目の指導

時間配分	学習活動	指導上の留意点	評価の観点と方法
20分	1 部首にシューティングされると正しい漢字になる部分のスプライトをつくり、プログラミングをする。 (1) スプライトを手書きで設定する方法を知り、テンプレートの8と9を見ながら部首を書く。 (2)「文房具でシューティングゲームを作れ」7分5秒〜8分20秒を視聴する（図4）。 (3) 教師の作ったシューティングゲームを見て、キャラクターから発射される部首の動きを話し合う。 (4) テンプレートの10を見ながら、ペアでプログラミングをする。	・線を太くして見やすくするように注意させる。 ・「もし〜なら」の意味を理解させる。 ・動きとテンプレートの言葉を確認させる。 ・コスチュームを変えて正解が表れるようにすることを理解させる。 ・ペアに1枚のテンプレートを1人が読み上げ、1人がパソコンを操作するようにさせる。	・部首を他の部分と正しく組み合わせてゲームを製作することができているか、活動の様子から把握する。 ・漢字の部首について興味を持ち、部首と他の部分を組み合わせるゲームを制作する活動を楽しもうとしているか、活動の様子から把握する。 ・「もし〜なら」などを活用し、シューティングゲームができているか、プログラミングの様子から把握する。
18分	2 互いのシューティングゲームを行い、漢字の部首の学習を行う。 (1) 他のペアのゲームを行う際の注意事項を話し合う。 (2) 他のペアの作ったシューティングゲームを行い、ワークシートに漢字を記入する。	・音を出すなど、ペアで工夫して取り組ませる。 ・終了する際は、正解を隠しておくなどのルールを確認させる。 ・ゲームを楽しみながら、部首の学習ができるようにワークシートに漢字を記入させる。 ・互いのゲームを試行して、気が付いたことを話し合わせる。	・テンプレートを改良し、動きや音などをよりよく工夫できているか、活動の様子から把握する。 ・正しい漢字になるようにシューティングゲームを行い、ワークシートに漢字を記入できているか把握する。
6分	3 下学年を招く際の準備を行う。 (1) 下学年にゲームをしてもらうための改善点や注意事項について話し合う。 (2) 下学年への説明の仕方をペアで話し合い、ワークシートに記入する。	・説明する文章を話し合い、作成させる。	・下学年に分かりやすく説明する文章を考えようとしているか発言から把握する。 ・下学年がゲームを行う際に分かりやすくルールを説明する文を考えることができているかワークシートから把握する。
1分	4 学習のまとめと次時の予告		

図4● 「文房具でシーティングゲームを作れ」で「もし〜なら」を学ぶ

中学年 | 4年生 | 国語

テンプレート1〜10と実際の授業の様子

漢字シューティングゲームを作ろう！

（名前　　　　　　　　）

1. キャラクターを決めよう

　コスチューム（タブ）をクリックする → 「新しいコスチューム」の下にある、一番左のイラストをクリックする → 「カテゴリー」をえらぶ → 好きなキャラクターを選ぶ → 右下の「OK」をクリックする

2. キャラクターが上下左右に動くようにする方法を考えよう

　①キャラクターをクリックして、青いわくで囲む
　②上・中央のスクリプトをクリックする
　③『Why!?プログラミング』を見て、キャラクターが上下左右に動くようにしよう。

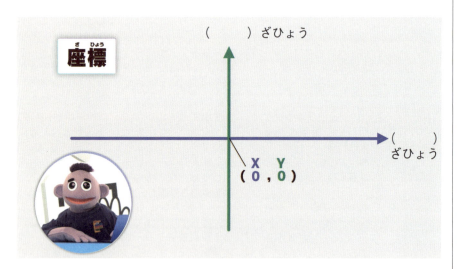

　右に動かしたい時は、（　　）ざひょうの数字を大きくする
　左に動かしたい時は、（　　）ざひょうの数字を小さくする
　上に動かしたい時は、（　　）ざひょうの数字を大きくする
　下に動かしたい時は、（　　）ざひょうの数字を小さくする

3. キャラクターのプログラミングをしよう（スクリプトを書こう）

　スプライトにあるキャラクターをクリックして青い線で囲む。
　→左上の🛈をクリックする。
　→右上のわくの中に「キャラクター」と入力する（図5）。
　→左上の◀をクリックする。
　→上の中央のスクリプトをクリックする。
　→ペアで、次の通りに、読み上げながらプログラミングしよう！

先生による補足：4年生である児童は、座標について初めて学ぶ機会でしたが、番組を見て、理解することができており、このテンプレートの（　）にすぐ記入することができていました。

図5●スプライトを設定する画面

先生による補足：「数字を入れても消える」「マイナスが入らない」などの声が聞こえてきました。児童同士で「半角にしないとだめだよ」「右下の『あ』を『A』にすると入るよ」とお互いに教え合う姿が見られました。

ペアで話し合って、数字を変えてみよう

4. **部首を手書きして、プログラミングしよう**

左下の新しいスプライトの横のふでのイラストをクリックする。
→下の中央 線の太さ を調節する。→部首を書く（図6）
→スプライトに表れる　→スプライト1になっているか確認する（図7）
→上の中央のスクリプトをクリックする。
→ペアで、下の通りに、読み上げながらプログラミングしよう！

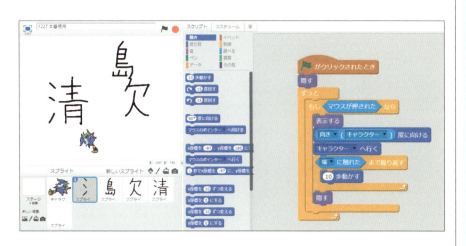

5. 正解にならない部分を書こう

左下の新しいスプライトの横のふでのイラストをクリックする。
→下の中央 線の太さ を調節する。→部首を書く
→スプライトに表れる　→スプライト2になっているか確認する

6. 正解にならない部分のプログラミングをしよう

→スプライト2をクリックして青い線で囲む。
→上の中央のスクリプトをクリックする。
→ペアで、次の通りに、読み上げながらプログラミングしよう！

先生による補足：電子ディスプレイに教師のパソコンの画面を映して、児童に提示しながら説明しました。しかし、スクリプトが小さく、後ろの児童には見えづらいようでした。
参観していた阿部和広先生にScratchのスクリプトエリア右下にある「+」「-」でスクリプトのサイズを変更できることを教えてもらい、大きく表示しました。

監訳者から：マウスで部首を描く活動で、児童がうまく描けずに苦労していたように見えました。部首の学びを優先するのであれば、例えば、鉛筆で紙に書いたものをスキャンして画像ファイルを作っておく、あるいは、ワードなどで大きめサイズの複数の部首の画像を作っておいて、プログラミングの際には児童にその画像ファイルから選ばせると、もう少し時間的な余裕ができたように思います。カメラが使えるのであれば、手書きしたものを直接取り込むこともできます。

図6●部首を描く

図7●スプライト1になっていることを確認

先生による補足：「マウスが押された」ブロックを「もし～なら」ブロックのそばに持っていっても、うまくはめられない児童がいました。サイズが違うのでとまどっているようでした。
「前の三角を当てはめるように置いてみて」とアドバイスをすると、うまくはめることができました。

中学年 | 4年生 | 国語

7. 正解にならない部分をもう1つ増やそう
   ・5と同じ方法で、もう1つ正解にならない部分を書こう。
   ・6と同じようにプログラミングをしてもいいですが、ペアで話し合って工夫してみましょう。
   ・スプライト3になっているか、かくにんしましょう。

【保存の仕方】
   上の左ファイルをクリック→名前をつけて保存→デスクトップ→生徒用のフォルダ→ 自分たちのペアの番号のフォルダをクリック→ ファイル名に、日にちなどを入れる → 保存をクリック
   保存したら → ファイル → 終了

8. 部首とくっつく部分を書こう
   左下の新しいスプライトの横のふでのイラストをクリックする。
   →下の中央 線の太さ を調節する。
   →部首とくっつく部分を書く（コスチューム1になる）
   →スプライトに表れる →スプライト4になっているか確認する。

9. 正解の漢字を書こう
   →スプライト4をクリックして青い線で囲む。
   →上の中央のコスチュームをクリックする。
   →そのすぐ下の新しいコスチュームのふでのイラストをクリックする。
   →正解の漢字を書く（コスチューム2になる）

コスチューム1

コスチューム2

先生による補足：作業の途中でも、データが消えないように、「ほぞん」をこまめにするようにアドバイスをしました。
今回は、生徒用フォルダを使い、クラスのフォルダに保存させましたが、後日USBメモリのある児童は、そこにも保存させました。

先生による補足：キャラクターから出る部首にくっつく部分がコスチューム1、正解の漢字がコスチューム2と説明をし、テンプレートにもそのように指示をしてありました。しかし、2つのペアが、キャラクターから出る部首をコスチューム1として、正解の漢字をコスチューム2にしていました。正解の漢字を出すスプライトを勘違いしてしまったようでした。
「それでもできないことはないけど、先生の配ったテンプレートのスプライトとは違ってくるよ。自分たちで考える？」と声をかけ、ペアに判断を任せました。
あとで見に行くと、テンプレート通り作り直していましたが、時間に余裕があれば考えさせてもよかったと思いました。

10. **部首にシューティングされたら（触れたら）正解の漢字が表れるようにプログラミングをしよう**
    - →スプライト4をクリックして青い線で囲む。
    - →上の中央のスクリプトをクリックする。
    - →ペアで、下の通りに、読み上げながらプログラミングしよう！（図8）

音は、上の中央の音をクリックして、新しい音の下のスピーカーのイラストをクリックする。お薦めの音は、clapping、crash cymbal、gongなどです。時間があったら、いろいろ聞いて、正解にふさわしい音を選びましょう。

> 先生による補足：スクリプトをした後、いざシューティングゲームを始めようと、マウスをクリックしても、キャラクターから部首が飛び出ないペアがいました。ある児童は「マウスの向きを上に向けた時だけ出る」といろいろ試して不思議そうにしていました。
> 阿部先生から、以下の2つの対策案を教えていただきました。
>
> ●キャラクター（スプライト）がうまく出ない場合の対策案
> 1 シューティングする部首を小さくする。
> 2 シューティングする部首の中心を整える。

図8●シューティングゲームの例

3.3 指導のポイント

教科単元として
【国語科の目標との関連】

漢字のシューティングゲームに取り組むことは、学習指導要領国語科【第3学年及び第4学年】【伝統的な言語文化と国語の特質に関する事項】(1) ウ文字に関する事項（ウ）にある「漢字のへん、つくりなどの構成についての知識をもつこと」という目標に合致する。

しかし、国語の授業として行うためには、プログラミングの時間数が多く取られては、国語の部首学習のめあてから外れ、本末転倒だと考える。短時間で作り上げるために、「文房具でシューティングゲームを作れ」を参考にして教師がテンプレートを準備することにした。

そして、ペアで1つのゲームを作ることにした。テンプレートは、ワークシートにしてペアに1組ずつ渡す。プログラミングするためには、テンプレートのスクリプトを読み上げながら、自分たちのスクリプトをプログラミングしないといけない状況を設定する。そうすることで、言語を伝え合う場面が設定される。また、テンプレートをペアで改良したり、思うようにいかないことを改善したりする中で「話す・聞く」活動が生まれる。

このような活動が生じる状況を設定することで、学習指導要領国語科【第3

学年及び第4学年】の目標（1）にある「相手に応じ、身近なことなどについて、事例の順序を考えながら話す能力、大事なことを落とさないように聞く能力、話題に沿って話し合う能力を身に付けさせるとともに、進んで話したり聞いたりしようとする態度を育てる」という場にしたいと考えた。

プログラミングとして

　本学級は、1・2学期にロボットを使ったプログラミングに取り組んできた。ロボットプログラミングにおいて、動作ブロックを並べてプログラミングし、ループやセンサーの機能などを活用できるようになった。自分たちの考えたルートを走らせるために、問題解決に取り組み、論理的に考える力も付いてきた。

　私自身もプログラミングの初心者で、プログラミングをしてロボットが意図したようにルートを走ったときは、児童と一緒に喜んだ。ただ、これを到達点にしていいのか、という思いがあった。自分たちの生活や学習に生かすプログラミングができて、誰かの役に立てたという体験ができてこそ成就感を持たせられるのではないか？という思いが生じた。

　そこで、今回4年生の児童が、3年生のために漢字シューティングゲームを作ることにした。自分たちの学習のためにもなるし、下学年の児童が楽しみながら学習できるよう役立ててもらうためでもある。そして、これができれば、児童に「自分たちや他の人の学習に役立つプログラミングをした」という思いを持たせることができると考えた。

児童生活への波及として

　授業後、「これまでは、ゲームはやる側であったのに、自分がゲームを作る側になれてうれしかった」や「自分でもゲームを作れるんだと、びっくりした」という感想を述べた児童が多くいた。

　また、下学年や他のクラスの児童を招き、自分たちのゲームを楽しんでもらった後に、お礼のメッセージをもらった。「楽しかったよ」「知らなかった部首の名前を覚えられて、勉強になった」「ゲームが作れるなんてすごいね」というメッセージを読んで、自分たちがほかの子の役に立ったという成就感を持つことができていた。

　このようなことが自信や意欲につながり、「今度は、自分でプログラミングを考えて、ゲームを作ってみたい」という思いを持っている児童が多くいる。

3.4 評価のポイント（学習態度／単元の理解／プログラミングの理解）

　どの児童も、意欲的にプログラミングに取り組むことができていた。ペアで活動したことで、相手と活発に話し合う場面や、1つずつプログラミングが成功するたびに励まし合ったり、喜び合ったりする姿が見られた。

　今回、14種類の漢字の部首を取り上げた。間違いやすい部首や、あまり知られていない部首もあったが、ゲームを通して、新たに学んだり、復習したりす

先生による補足：本実践のあとで実施された学校説明会において、本校に390人の入学希望者と保護者が来校しました。その際に、幼稚園生である来校者にロボットで、施設案内をするよう5年生（この実践の児童たち）が取り組みました。手をかざすと「ようこそ椙山小学校へ」と話したり、マインドストームEV3の画面に笑顔の絵が表れたりするようにプログラミングをしました。また、EV3がお習字をしたり、2台でシンクロナイズスイミングのように踊ったりするパフォーマンスを披露して来客者を楽しませました。人に役立つプログラミングのアイデアを主体的に考え、実行することができていました。

ることができた。下学年の児童は、知らない部首もあったが、ゲームをしながら楽しく学ぶことができていた。

　プログラミングは、教師がテンプレートを配布した。テンプレート通りにプログラミングをしながら、その動きや役割を理解させることができた。そして、意味などを理解できたあとは、自由にアレンジをしてもよいという指示を出した。その結果、背景や動き、キャラクターなどをそれぞれ工夫し、結果的にはペアのそれぞれの個性が表れた作品になっていた。これは、児童は、テンプレートを参考にすることで、プログラミングの方法を理解し、応用することができた成果であると考える。

4［振り返り（フィードバック）］

4.1 児童の振り返り

　授業後、アンケートを配布し、1人1人の様子などを把握するよう試みた（4年生27名複数回答）

【ゲームを作っている時に、困ったことは？】
- 部首が思った方向や向きに飛ばなかった。　　　9人
- マウスをクリックしても部首がでなかった。　　6人
- すぐ答えが出てしまった。　　　　　　　　　　3人
- 字の大きさを変える方法が分からなかった。　　3人
- マウスだと手書きしにくかった。　　　　　　　2人
- パソコンが固まった。　　　　　　　　　　　　1人
- 途中で間違えてスクリプトを消した。　　　　　1人
- 数字を入れるときに困った。　　　　　　　　　1人
- スクリプトを入れるのが難しかった。　　　　　1人

【ゲームを作って嬉しかったことは？】
- ゲームを作る側に初めてなれた。　　　　　　　　　　　　　　　4人
- 自分がやりたいと思ったことに成功した。　　　　　　　　　　　4人
- ペアの子と仲良くなった。　　　　　　　　　　　　　　　　　　7人
- 自分のゲームをした友達が「楽しかった」「上手」などと言ってくれた。　4人
- 自分の作ったゲームを友達が「やりたい」と言ってくれた。　　　3人
- 最後まで完成できた。　　　　　　　　　　　　　　　　　　　　3人
- 自分や友達に役立つゲームをつくれた。　　　　　　　　　　　　4人
- いろいろな技が分かってうれしかった。　　　　　　　　　　　　2人
- 友達の作ったゲームをすることが楽しかった。　　　　　　　　　2人
- 自分で手書きのキャラクターができた。　　　　　　　　　　　　1人

【具体的な感想】
- ゲームをつくる前は、先生のつくったゲームみたいにあんな風に動くのかな？と思っていたけれど、ちゃんとつくれて、自分たちも楽しいゲームがつくれると分かってうれしかったです。これからも、たくさんつくりたいと思いました。
- 今まで私は、ゲームで遊ぶ側だったのに、今回の授業を通して、生まれて初めてゲームをつくる側になれたことがうれしかったです。「私にもゲームがつくれるんだ！」と感じて、もっとたくさんつくりたいと思いました。

【今後チャレンジしてみたいこと】
- 自分たちで考えて作ってみたい。　　　　　　　　　　　22人
- 自分の作ったものを、みんなに楽しんでもらいたい。　　5人

4.2 先生の振り返り

　これまでの漢字の部首の授業で、紙でかるたのようなものを作り、ゲーム感覚で部首の学習をしたことがあった。それを、今回「漢字シューティングゲーム」に置き換えようと考えた。

　国語の授業として取り組むので、プログラミングにあまり時間をかけたくないと考えた。そこで、教師がテンプレートを作り、それに基づいてゲームづくりをさせた。この方法は、児童全員がゲームを短時間で完成させ、互いのゲームをすることで楽しみながら漢字の学習をすることに役立った。また、ゲームを作る上で、ペアで担当する部首に関わる漢字などを漢字辞典で調べたり、確かめたりする活動も活発に行えたので、国語の授業のめあても達成できたと思う。

　今回初めてゲームを制作したので、児童が「私たちも自分でゲームが作れるんだ」という喜びを味わえる機会となった。また、下級生や他のクラスを招き、ゲームをしてもらう体験によって「皆の役立つゲームを作った」という成就感をもたせることができた。

　私自身、勉強不足でScratchの細かい使い方に関する知識や、問題が生じたときに対応する技術が不足していた。参観していた阿部先生にご支援いただき、どのペアにも成功した喜びを体験させることができた。

4.3 校長から一言

　本実践のよい点は、「『下学年の児童に提供する漢字ゲームを作る』という設定をし、相手意識、目的意識をはっきりさせている」「部首と部首でない部分の組み合わせを考えさせることで、いろいろな漢字の構成についての理解を促している」「正しい操作をしなければ動作しないというゲームの特性を生かし、手順や注意点を分かりやすく説明する文章を考える活動を取り入れている」ことだと考えます。

　また、ペアで目的を共有し、1つのプログラムを作成する過程で、自分の考

えやその理由・事例を相手に説明する、互いの考えの共通点を見いだし次に何をするかを決めるなどの言語活動が見られたこともよかった点です。そして、その会話の中に「もし～なら」などの語法が自然に取り入れられていました。プログラミング言語が、論理的な語法になっていることの効果であると考えられます。この特性を生かし、自分の作ったプログラムを、文章化して人に説明する学習を行うことで、筋道立てて分かりやすく相手に説明するための格好の題材とするこもできると考えます。

アベ先生の視点

プログラミングを授業で行う際に必ず押さえるべきことに、「教科等で学ぶ知識及び技能等をより確実に身に付けさせること」（新学習指導要領解説）があります。したがって、この授業では、プログラミングを使ったことで、漢字の部首についての知識がより確実に身に付いたかかが問われることになります。その観点で見ると、児童の皆さんは部首を組み合わせるゲームで遊ぶことだけでなく、ワークシートでも、それをしっかりと確認していました。プログラミングというと、楽しかっただけで終わることが多いのですが、楽しいことは当然として、それで何が得られたのかは欠かせない視点だと思います。

さらに、自分が作ったゲームを低学年に使ってもらうことで、「プログラムの働きやよさ，情報社会がコンピュータをはじめとする情報技術によって支えられていることなどに気付く」だけでなく、「身近な問題の解決に主体的に取り組む態度やコンピュータ等を上手に活用してよりよい社会を築いていこうとする態度などを育むこと」につながっていると思います。

従来から授業を工夫して行われていた先生方の中には、紙のかるたでできていたことを、わざわざプログラミングで行う必要はないのではないかという疑問もあると思います。この授業はそれに対する答えの1つになっているのではないでしょうか。

中学年 | 4年生 | 社会と算数の合科

学区と近隣をたんけんして調べよう

学年	小学校4年生（参加人数：26名）
教科	社会と算数の合科
単元	きょう土を開く（社会）、面積（算数）
授業時間	2時限目（全12時限）
授業形態	個別
担当	岡崎市立愛宕小学校　尾﨑成和先生
Why!?プログラミング利用回	「No.6 びっくりハウスをつくれ」

先生による補足：以下のサイトの右端の「チャプター」における「scene 02 メッセージを送る・受け取る」を視聴しています。「このスプライトがクリックされたとき」というメッセージの送り方、および受け取り方を学んでいます（図1）。
http://www.nhk.or.jp/sougou/programming/?das_id=D0005180307_00000

図1● 「びっくりハウスをつくれ」でメッセージを学ぶ

先生による補足：児童用は1人1台体制です。機種はNECのMateタイプMEで、メモリ容量は4GB、ハードディスク容量は250GBです。

SKYMENU Pro：SKYMENU Proは、Skyの学習活動支援ソフトです。
https://www.skymenu.net/

先生による補足：パソコンの一斉起動・終了、および児童機画面操作で主に使用しています。

1 [授業の概要]

- 本時の前に、児童はすでにScratchの操作について習熟していた。
- 社会と算数、それにプログラミング的思考を合わせた、面白い内容で実施できた。この後の発展の余地も高い。
- 普段から自由な雰囲気で授業できていたため、児童同士で主体的・対話的に進めることができた。

2 [前提条件と準備]

2.1 環境

2.1.1 機材について
60インチ電子黒板（スクリプト提示用）

2.1.2 ネットについて
インターネット接続あり（有線）

2.1.3 端末について
デスクトップパソコン（Windows 7搭載、24インチディプレイ、マウス）

2.1.4 ソフトウェアについて
Scratch 2.0 オフラインエディター、SKYMENU Pro

70

2.2 習熟度

2.2.1 学校情報機器の利用頻度と一般的操作習熟度
年10回程度（月1回以上）利用。Scratch 2.0の操作には習熟している。

2.2.2 児童のプログラミング習熟（全体レベルと個々人の差）
すでにScratch 2.0を10時限程度実施。前述のように、全ての児童が操作できる。

2.2.3 先生のプログラミング習熟
1年前からプログラミング学習について学び、今回はプログラミング学習10回目の授業であった。

> 先生による補足：『Why!?プログラミング』を視聴したり、『はじめてのプログラミング』（学研プラス、2017）を読んだりして学びました。

2.2.4 先生以外の支援体制
担任に加えて、ICT支援員2名が補助。

> 先生による補足：Scratchに関しては、幼稚園児への指導経験があります。

2.3 準備

2.3.1 指導案・提示教材・資料等
「指導の流れ」をICT支援員とともに、1時間程度かけて作成した。
以下で紹介するサンプルプログラムの準備も行った。

> 先生による補足：株式会社教育システムからICT支援、および、授業計画・教材作成等の助言を受けています。

2.3.2 サンプルプログラム
Scratch 2.0用のサンプルプログラムを事前に作成。児童別フォルダを共有フォルダ内に作成し、サンプルプログラムのコピーを保存して利用した。
サンプルプログラムの内容を以下に示す。

サンプルプログラムの画面

駅を出発点とし、学校、郵便局、市役所、図書館に探検する。赤丸●が自分の位置を示す。
駅から見ると、道路が格子状にあり、施設が点在している。

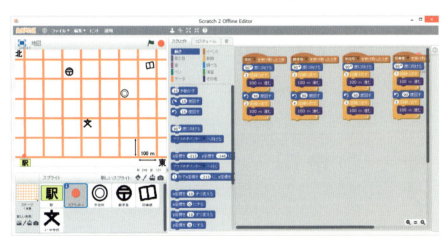

キャラクター：ここでは授業での呼び名にしたがって、Scratchにおける「スプライト」を「キャラクター」と称している。

図2●児童が操作している画面の例

スクリプトの内容

自分を表す赤丸●のキャラクターのスクリプトを以下に示す（図2）。

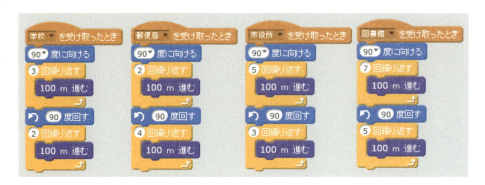

郵便局のキャラクターのスクリプト

郵便局のキャラクターには、このスクリプトを設定してある。キャラクターごとに、このプログラムを参考にして利用する。

駅のキャラクターのスクリプト

駅のキャラクターには、「緑の旗がクリックされたとき」が押されたときは、駅に戻るようにしてある。

児童が作ったプログラムの例

児童が本授業において作成したプログラムの例を以下に示す。

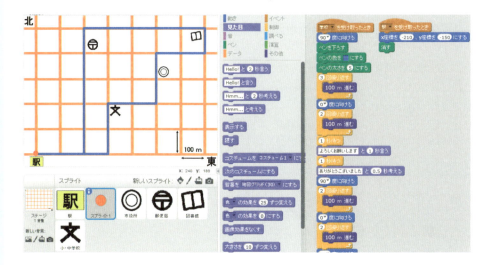

3 ［授業内容と指導案］
3.1 単元の狙い／単元計画／プログラミングの活用形態／

単元の狙い
　郷土の施設や自然に関わり、それを設置・管理してきた方々の努力や苦労を知り、地域に対する誇りや愛着を育て、将来のよりよい発展について考えること。

単元計画

時数	内容	表現方法
1・2	・郷土の施設や自然について知ろう。 ・探検のための計画を立てる。（本時）	プログラミングで、探検計画を立てる。
3〜6	・それぞれの施設などの役割を調べ、質問事項の候補を考える。 ・昔と今の様子や機能の違いを考える。 ・地域の歴史に関わる事柄を調べる。	査の内容を考える。
6〜10	・実際に現場を探検し、管理をされている方に調査をして調べる。 ・どんな苦労があり、どう引き継いでいるか考えよう。 ・生活の工夫について考えよう。	調査して学習内容を整理する。
11〜12	・私たちの将来のために、どのようにしていけばよいか考える。	

プログラミングの活用形態
　プログラミングはパソコン室で行う。児童のプログラミング活動・操作は児童機で個別に行う。操作中に分からないことがあれば、友達に聞けるように離席を許可し、児童同士が情報交換しながら行えるようにした。導入から学習課題や整理段階では、児童をパソコン室の前方に集めて一斉隊形とし、学習の焦点化を図った。

> **監訳者から**：愛宕小では、この方式が各授業で共通しているところが素晴らしいと思います。この授業では主体的で対話的だけれども、ほかの授業はそうではないということにならないようにしたいものです。これは、プログラミングであるかどうかを問いません。

3.2 学習計画（授業流れ・実践の手順）

3.2.1 配分時間と詳細

段階	児童の活動	教師の活動・支援
授業前	・ワークシートへの記述　地図を参考にして、施設への回り方を考える。 ・『Why!?プログラミング』の「No.6 びっくりハウスをつくれ」の視聴。	・授業の間やお昼の時間に、視聴できるようにする。
導入	・パソコン室前方に全員集まり、探検する候補の施設をあげる。地図上で位置を確認する。 ・どういう行き方をすればよいかを考える。 ・訪問時の注意としてあいさつなどの注意事項を考える。	・前時までの学習内容を想起し、学習課題に迫るようにする。 ・自分の勉強になり、相手の方の迷惑にならないようにするための手立てを考える。
問題把握・究明	・学習課題「目的地に行く計画を立てよう」を把握する。 <施設を回る順番を考える→あいさつなどを考える→プログラミングで動きをシミュレーションしてみる> ・モデルスクリプトを見て、プログラミングの方法を知る。 ・各自のパソコンに分かれて、駅からどの施設をどう回るかプログラミングする（図3）。 ・友達と相談したり、友達のプログラムを参考にしたりしてプログラミングを行う。 ・一度パソコン室前方に集合して、友達の計画の仕方を見る。どんなことに気を付けて計画を立てているかを考える。 ・自分の作品をよりよくするイメージを持って、再度プログラミングを行う（図4）。	・モデルスクリプトを提示し、見通しを立てられるようにする。 ・プログラミングを開始して8分程度で一度集めることを予告しておく。 ・集合時に、誰の作品を参考にするか考えておく。 ・児童の探究学習のモチベーションが上がるように対話的に情報交換する。
整理	・いったん操作をやめて、教室前方に集合する。 ・作品の発表をする。音読とプログラミングを合わせて発表する。自分のアピールポイントを発表する。 ・友達の工夫を聞いて、自分の計画をさらにどうするか考える。 ・ワークシートに記述する。	・計画を発表する。 ・単なる発表にならず対話的に進むようにする。 ・ワークシートに気付きやもっとやりたかったことも記述する。

> **先生による補足**：前述したように、scene2の視聴（メッセージを送る・受け取る）をしています。

図3●各自がプログラミングを行う

図4●再度プログラミングを行う

> **監修者から**：この授業を拝見していました。社会科の授業としては、ここでも指摘されているように、サンプルプログラムで用いた格子状のマス目と現実の地図との乖離には注意が必要と感じました。

> **監修者から**：一方、算数、あるいは、プログラミング的思考を育むという意味ではうまく行っていたと思います。

3.3 指導のポイント（教科の授業として／プログラミングとして／児童生活への波及として）

教科の授業として

　社会科の授業として、実際の地図とは、乖離した簡易の地図ではあるが、自分の行きたい施設を優先して移動できるよう考えながら、学習を進めることができた。

　算数の授業としては、縦（南北）と横（東西）の距離を求めて（道路のマスを数えて）「面積」を算出するための縦と横についての概念をつかむことができた。

プログラミングでの思考の変化

　プログラミングの操作をして、回り方をいろいろと考えるうちに、早く回る

ことができる行き方を考えるようになる。友達と相談することで、友達とは異なる回る順番を考えたり、利用するバスの路線を考慮したりするなどの工夫をするようになった。

この学習で、ある児童は、全ての施設を回る「カーナビ」のような道案内プログラムを作った。それは、全ての施設を効率的に回るだけでなく、行きたい施設を優先して先に行くという目標も達成できたものだった。

そのプログラムを以下に示す（先述の例の再掲載）。

> 監修者から：授業を見ていて、もっとも面白いと思った活動でした。「教員の想定の斜め上を行く児童の出現」を象徴する出来事で、プログラミング学習の最大の「功」なのではないかと個人的には考えたからです。

児童の作ったカーナビプログラム

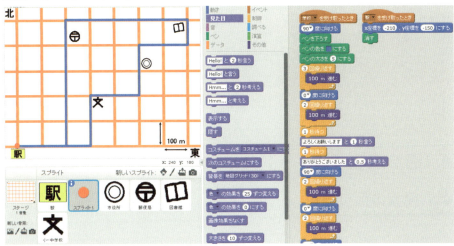

児童の作ったスクリプトでの赤丸●キャラクターの動き

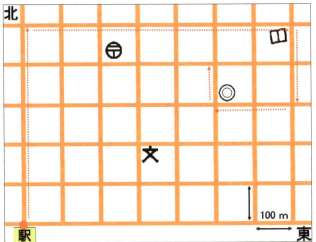

また、教科・単元の狙いや目標を達成するために、東西南北（画面では上下左右）に決まった数だけ進む定義を事前につくり、その定義を使って簡単にプログラミングの操作ができるようにした。操作が単純なために、プログラムを変更するのに時間がかからず、児童が考えた計画を実現できるようになっていた。

3.4 評価のポイント
（学習態度／単元の理解／プログラミングの理解）

　本学級の担任教師は、教師経験が浅く、児童への説明が多くなる傾向にあった。しかし普段から、児童の学習に関わる活動制限を加えず、自由な雰囲気で授業を行っていることから、児童が頻繁に「つぶやくこと」ができる環境にあった。

　そのためもあってか、自主的、および対話的に学習することができていた。この授業において児童は、おおよその学習内容を理解すると、自主的にプログラミングする傾向にあった。また、友達と相談しながら活動する姿も多くみられ、児童同士で対話的に進めることができていた（図5）。

　プログラミングの活動中は、先生に質問をする児童はほぼ決まっており、その他の児童は友達同士の対話や操作の速い児童を参考にして、意欲的に問題解決を進めた。教師は、理解が未熟な児童への対応をしていた。

> 先生による補足：プログラミングに限ったことかと考えていましたが、他の教化でも同様の学習態度が見られるようです。

図5●対話的に進める児童

> 先生による補足：離籍してほかの児童に聞きに行く姿も見られました。

4 ［振り返り（フィードバック）］

4.1 児童の振り返り

　究明活動の途中で、早く進んでいる児童のプログラミングを全員で見て、プログラミングに対する工夫や注意することについて、以下のような意見を出し合った。

- プログラムがうまく動かないけど、どうすればいいのかな。
- この順番だと、どのくらいの距離を進むのかな。
- うまくできたけど、これで大丈夫かな。

ワークシートへの児童の記述（感想例）
- 道路の1マス100メートル（m）だったが、けっこうできた。
- もっと最短ルートで回れるようにしたかった。
- 消防署によれるように、キャラクターを増やしたい。

4.2 先生の振り返り

授業後の先生の意見を以下に示す。

- モデルプログラムで、操作でつまずく子はいなかったが、理解不足で活動に入った児童がいたので、学習課題の把握をきちんとしないといけないと感じた。
- プログラミングの活動は、児童に任せるが、1人よがりの計画にならないように、活動の途中で情報交換をする必要がある。

- 整理段階での成果発表では、施設への回り方の発表だけになってしまった。
- 地図上での道路のマスにより、面積を求めるときの、縦と横のイメージはついたと思う。
- 何カ所も回って来るプログラムを作った児童のものを紹介したが、工夫などを対話的に進めるとよかった。

4.3 校長から一言

プログラミングを使って、社会の調査活動の授業での順路を考える計画と、算数の縦と横の距離概念を、興味を持って学ぶことができた。

担任教師は、若く教師経験が浅い。基礎になる事項を押さえようとして、説明場面が多くなりがちであった。今後は、端的な指示やワークシート等の利用により、児童の円滑な活動を支援したい。ただ、普段から自由度の高い授業も行っていたことから、児童は自らプログラミングの活動時間を多くしたいと考え、学習課題を理解すると、教師の説明の先を読んで、考えて操作できるようになっていた。児童が教師の先を見越すことにより、教師が授業展開を児童に任せられるのも、プログラミング学習の良さだと思う。

また、社会科と算数の合科として、複数の学習内容を達成するのも、プログラミング学習の可能性を感じるものだと思う。単に「教科」や「学習成果」にとらわれず、教師も児童も自由な発想での、新しい学びが実現できる。

 アベ先生の視点

> この授業では、あらかじめ用意されたモデルプログラムを使うことで、細部のプログラミングを児童が行うことなく、課題に直ちに取り組めるようになっていました。このような事前準備を行うことで、円滑な授業進行ができる反面、子どもたちがプログラミングする場面が減るのではという考え方もあります。
>
> 確かに、教員ががんばって完成度の高いプログラムを用意することで、児童はボタンを押してアニメーションを見るだけのようなケースもあり、これはプログラミングの授業としては好ましくありません。この授業では、省力化すべきところと（100m単位でのマス目の移動）、そうでないところ（その移動を使って地図を移動するところ）が、よく検討されており、このような方法で教材を用いるのは有効だと思います。その結果として、十分に子どもたちが試行錯誤する時間が取れ、その結果としてさまざまな発想を促したと考えられます。
>
> 社会科と算数の合科としても面白く、この後の発展も考えられます。例えば、実際の道を歩測し、縮図の考え方で画面上に地図を再現できたりすると[※]、子どもたちの生活により近い実践が可能になると思います。
>
> ※ 戸塚滝登、クンクン市のえりちゃんとロゴくん、ラッセル社、1989年

中学年 | 4年生 | 総合

オリジナルキャラクターを動かそう

学年	小学校4年生（参加人数：31名）
教科	総合的な学習の時間
単元	自分たちの動物園（生きものワールド）を作ろう
授業時間	全4時限
授業形態	個別
担当	調布市立石原小学校　片柳木の実先生
Why!?プログラミング利用回	「No.1 壊れた魚を動かせ」と「No.9 スクラッチ動物園を救え」

1 [授業の概要]

- 児童が動物のキャラクターを作成して動かす取り組みを総合的な学習の時間として実施した。
- オリジナルの絵をパソコンに取り込み、Scratch上で編集した。
- 『Why!?プログラミング』で学んだ内容に基づきプログラミングで試行錯誤できた。
- 試行錯誤により、フローチャート的発想やプログラミング的な考え方の基礎を身に付けることを狙っている。
- 絵を描いたり発表したりもするため、図工の時間としても実施可能である。

2 [前提条件と準備]

2.1 環境

2.1.1 機材について
電子ディスプレイとプロジェクタとノートパソコン（「NHK for School」視聴用）

2.1.2 ネットについて
教師用ノートパソコンに各教室から有線でインターネット接続あり
コンピュータ室の児童用パソコンはこの授業においてはスタンドアロン（接続無し）で使用

2.1.3 端末について
デスクトップパソコン（Windows 7搭載、17インチディスプレイ、マウス）

2.1.4 ソフトウェアについて
Scratch 1.4、Netウィッチ4

先生による補足：Scratchについては、調布市教育委員会から、教師用教育用タブレットパソコンでもコンピュータ室の児童用デスクトップパソコンでも使用が認められています。コンピュータ室で使うときは、Scratch 1.4が推奨されています。

監訳者から：Scratch 1.4はインストールしなくてもフォルダーに展開するだけで使うことができます。日本語翻訳ファイルの誤りが修正された以下のものを使うことをお勧めします（Windows、Mac共通）。
http://ec.nikkeibp.co.jp/nsp/2013seminar2/WinMacScratch1.4.zip

Netウィッチ4：コンピュータエデュケーションシステムのパソコン管理ソフトです。
http://www.cs-grp.co.jp/ces/product/teaching/#netwitch4

2.2 習熟度

2.2.1 学校情報機器の利用頻度と一般的操作習熟度

低学年時にジャストスマイル3のペイントなどでお絵かきやマウス操作を数回経験。

中学年時からインターネットの検索の仕方とローマ字入力を学習。調べ学習などで年に十回ほど利用している。

ちなみに高学年時は、インターネットによる検索をほぼ毎月使用している。

2.2.2 児童のプログラミング習熟（全体レベルと個々人の差）

今回の授業を行った対象学年（4年生）は、3年生時に学年でViscuit（3時間）、白板ソフトによるお話づくり（4時間）、Hour of Codeのアングリーバードまたはマインクラフトを全部クリア（2時間扱い）などの経験をしているので、「画像の編集」と「ステージ上でのスクリプトの配置」など、作業の階層について理解しており、指導者の簡単な説明後にすぐ使えた児童が7割以上だった。転入生や使い方の分からないところのある児童は、個別指導と児童同士の教え合いでカバーした。

2.2.3 先生のプログラミング習熟

調布市立小学校教育研究会（調小研）情報教育部の研修会に参加したことのある教員が3名ほどいて、平成27年度頃よりパソコンクラブでViscuitやHour of Codeを使って、ビジュアルプログラミングの入門的な活動を児童に体験させている。

2.2.4 先生以外の支援体制

ICT支援員はおらず、担当の先生のみ。

2.3 準備

2.3.1 指導案・提示教材・資料など

指導案は4時間扱い。提示教材「馬の散歩」は、指導者が30分ほどかけて作成。児童の手描きしたイラストは、スキャンして画像化したものをコンピュータ室のサーバー内の各児童の名前の付いたフォルダに入れておく。自分のフォルダを開き、絵のアイコンをScratch上のステージにドラッグ＆ドロップすることで簡単に自分の絵をスプライト（キャラクター）化できる。

ジャストスマイル3：ジャストシステムの小学生向け学習支援ソフトです。
https://www.justsystems.com/jp/products/smile_katei_3/

Viscuit：デジタルポケットが提供するプログラミング言語。メガネという仕組みを使い、単純なプログラムから複雑なプログラムまで作ることができます。
http://www.viscuit.com/

白板ソフト：マイクロブレインの手描きソフトです。
http://www.mbrain.com/wb/
プロ版で作ったものを上書き保存可能な.exe版にして児童用マシンのDドライブに置いて使用しています。

Hour of Code：アメリカの非営利団体Code.orgが運営するプログラミング学習サイトです。
https://hourofcode.com/jp

アングリーバード：Code.orgが提供する、有名なゲームのキャラクターを使ったアクティビティの1つ。日本語化されたものは以下から確認できます。
https://studio.code.org/hoc/1

先生による補足：具体的には、Minecraftアドベンチャーです。
https://code.org/minecraft

監訳者から：こちらもアングリーバードと同じく、ゲームそのものではなく、そのキャラクターを使ったアクテビティです。

先生による補足：3年時には学年62名全員でマインクラフトのチュートリアル3種類とも体験できましたが、今回4年生に進級してからは、実施できたのは1クラスのみで31名でした。

先生による補足：線画をスキャンして画像化するのにかかった時間は、1人の児童のイラストあたり1～2分です。マウス操作で書くのでなく、自分が鉛筆で細かく描いたイラストにこだわった人は31人中半分ほどなので、全体の作業としては30分くらいかかりました。

中学年 | 4年生 | 総合

児童の手描きイラストの例　　　スキャンして画像化

＜使用したワークシート＞　　　＜提示教材＞「馬の散歩」（図1）

図1 ●「馬の散歩」のスクリプト

2.3.2 サンプルプログラム

　各児童用のデスクトップパソコンの**D ドライブ**内にコピーを置いて、各自「ファイル → 開く → サンプル」の手順で簡単に見られるように準備した。

先生による補足：児童用パソコンの扱いは次の通りです。
児童用パソコンのDドライブにScratch 1.4を置き、教師のサンプルもそれぞれに入れて、各児童用パソコンでそれぞれ作業できるようにしました。

3 ［授業内容と指導案］

3.1 単元の狙い／単元計画／プログラミングの活用形態／

単元名は「自分たちの動物園（生きものワールド）を作ろう」で、その狙いは以下の通り。

- 自分の描いた動物（生きもの）をScratch上に置き、自分の考えた通りに動物を動かして、動物園や水族館などの「生きものワールド」を作る。
- 作品づくりの段階で、命令の組み立てや繰り返し、条件の制御など試行錯誤する活動を通して、フローチャート的発想やプログラミング的な考え方の基礎を身に付ける。

3.2 学習計画（授業の流れ・実践の手順）

3.2.1 配分時間と詳細

	学習内容・活動	教師の指導・支援　◆評価
第1時限	・『Why!?プログラミング』の「No.1 壊れた魚を動かせ」のクリップを見る（図2）。	・「NHK for School」のサイトを利用し、必要な部分だけ見せる。
	Scratchの基本操作（往復運動のさせ方）をおぼえよう。	
	・Scratchの画面の「ステージ（背景）」と「スクリプト（画面上に置くもの）」の意味を知り、スクリプトを動かすのにブロックを組み合わせることを知る（図3）。	・背景のファイルを選ぶ、スクリプトのファイルを選ぶ、と、段階的に作業を区切って説明する。 ◆作業の手順やループの使い方を理解し、キャラクターを往復運動させることができるようになったか（図4）。
	・スタートのさせ方、移動の命令、ループの使い方、往復運動のさせ方を知り、ネコを動かしてみる。	・イラストやテーマの覚書として、ワークシートを用意する。 ◆キャラクターを決め、どんな生きものワールドを作るか、見通しを持つことができたか。
	・次回から自分の描いた画像で作品づくりをすることを知り、キャラクターを決め、それを画面上でどう動かすか見通しを持つ。	

先生による補足：「狙い」として指導案に表現できることは、この程度だと思うのですが、実際に授業してみて以下のような展開になりました。

児童は動画の説明の通りに真似して始めたのち、各自が試行錯誤しながら、自分のオリジナルの世界に発想を広げて実現していきました。

例えば、絵を何枚もかいてスクリプトを増やし、細かい動きにするとか、動き方の速いものと遅いものを作るとか、思い思いのセリフをキャラクターに喋らせたり、物語をつくったりします。児童の個性によって差はありますが考え、工夫することを楽しみながら活動していました。教師が想定していたものを越えて、児童は発想を広げ、それを実現させる方法に迷ったときには質問する。教師のアドバイスで思いをかなえられた結果、探究心や意欲が高まるという児童の変容が見られました。

図2●「壊れた魚を動かせ」を見る

図3●授業風景

図4●児童が実際に作ったスクリプトの例

中学年 | 4年生 | 総合

図5●「スクラッチ動物園を救え」を見る

先生による補足：スクリプトを自分で作ったり、コピーして一部を消して描き加え、新しいスクリプトを増やすことをこのように表現していました。

先生による補足：スプライトの描き方や、ペンの色の変え方、マウス操作でどのように描くか、などを支援しました。もともとあるイラストを使う場合も、それの開き方、動かし方を最初に教師の操作するところを見せれば、児童は理解して使えました。

先生による補足：交流の時間を取り、2〜3枚の絵をスクリプトとしてアニメーションにしたものをお互いに見せ合いました。

先生による補足：自分でどんどん作れる児童が3人ほどいたので、その子が苦手な子に教えていました。

先生による補足：以下のような学習感想がありました。
「自分で描いた絵を動かしたり、セリフを言わせたりできるところが楽しかった」
「物と物があたったら、『こんにちは』と挨拶するとか、シューティングゲームのように他のものに変わるとか、時間があればいろいろなことを試してみたい」
学習後、自宅のパソコンにScratchをインストールして、シューティングゲームを作った児童もいました。

	学習内容・活動	教師の指導・支援　◆評価
第2・3時限	・『Why!?プログラミング』の「No.9 スクラッチ動物園を救え」のクリップを見る（図5）。	・必要なところだけ提示する。
	自分たちの動物園（生きものワールド）をつくろう	
	・サーバー内の自分のフォルダにある自分が描いた生きものをScratch上にドラッグ＆ドロップしてスクリプト化する。	・児童の作品をスキャンし、コンピュータ室のサーバーの各児童用フォルダに入れておく。
	・編集モードで色を付けたり、コピーして一部の形を描き換えてコスチュームを増やしたりする。	・編集モード、作成モードの違いを分かりやすく説明する。
	・背景を決め、自分の動かしたいスクリプトを置いて、動きを付ける。	・作業が進まない児童には個別に支援をする。
	・コスチュームの替え方を知り、羽ばたく、走る、セリフを話すなどの動きのバリエーションを工夫する（図6）。	・背景のファイルを選ぶ、スクリプトのファイルを選ぶ、と、段階的に作業を区切って説明する。
	・感想を発表し合う。	◆自分でイメージした通りにキャラクターを動かしたり、微調整したりすることができたか。
第4時限	・友達と作品を見せ合い、工夫した点を話し合う。	
	さらに良いものに改良し、作品を完成させよう	
	・コスチュームの替え方を工夫する、コスチュームを各々編集モードで細かく直すなどしてよりよいものにする。	・児童同士の学び合いと交流で、お互いの良いところや工夫したところを見つけ合えるように配慮する。
	・作業の早く終わった児童は、ミニ先生として、うまくいかないところのある人にアドバイスをする。	
	・発表したい人、みんなに紹介したい良い作品などを全体に発表し共有する。	◆Scratchの基本操作を通して、アルゴリズム的な考え方の道筋で命令のブロックを組み立て、考えを実現させて作品に仕上げることができたか。
	・学習感想を書き、発表する。	

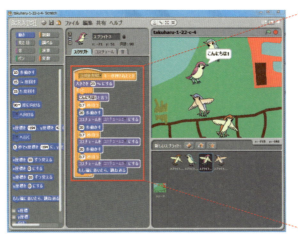

図6●児童が実際に作ったスクリプトの例

3.3 指導のポイント（プログラミングとして）

　命令のブロックを順序よくつなげ、組み合わせることで、背景もスクリプトも思うように制御したり動かしたりすることができる。命令のブロックは組み合わせ次第でいろいろなことが実現可能になることを理解させると、児童は自然にフローチャート的な考えで順次性を考え、工夫するようになると考える。

　コスチュームを変えてスクリプトに動きを付けたり、場所を移動させたり往復させたり、セリフを言わせたり、ブロックをつなげたりなど、試行錯誤する中で、プログラミング的な思考力が培われると考える。

3.4 評価のポイント　　（学習態度／単元の理解／プログラミングの理解）

　編集モードにして自分のイラストに色を付け、そのスクリプトをステージ上で動かし、繰り返し往復させるところまで、ブロックを組み合わせてできたら、基本の目的は達成できたと評価できる。

4 ［振り返り（フィードバック）］

4.1 児童の振り返り

　前述の学習感想によると、児童は大変楽しく考え、工夫することができたようだった。出された問題を解く形で正解にたどり着きクリアしていく受け身なタイプと、Scratchのように自分でどんどん工夫できて発想を自由に生かして思い通りに作るタイプと、どちらが好きかというと、まだパソコンそのものの操作に慣れていない児童は、出された問題を解き、正解を出しながらクリアしていく受動的でゲーム的なものを好む傾向が大きいといえる。一方、思考力があり、考え工夫することを楽しいと感じる児童は、Scratchの方が工夫できて面白いと考える傾向が強い。

4.2 先生の振り返り

　スクリプトのコスチュームを替えられたら合格、それを往復運動でずっと動かすことができたら合格、という評価規準で臨んだ授業だったが、試行錯誤する中で発展的な試みをしている児童が何人も見られた。

　IF文の仕組みに気付き、「黒い色の場所に来たら、笑った顔のコスチュームになる」イベントを組み入れた児童。←→↓↑などの矢印キーでスクリプトを別々に動かすように作り、自分でお話しながらスクリプトを動かし、作品にストーリー性を持たせるように工夫する児童。児童の自由な発想を実現できるScratchは、思考力を鍛え、発想に広がりをもたせる上でとても期待できるソフトだといえる。

> **先生による補足**：31人中、教師の手助けも借りながらだが、全員が往復運動のプロジェクトを作ることはできた。
> 「緑の旗をクリックしたらスタート」が番組では取り上げていたので、それしか教えなかったが、自ら「オブジェクトがクリックされたら〜なる」、「キーボードの『→』や『←』キーが押されたときに〜なる」などの機能に気付き、それを活用している児童も3名ほどいた（ミニ先生をした児童と同じ児童）。

先生による補足：総合的な学習の時間以外に、図工でも可能かなと思いました。

　ただ、今後全ての児童に共通の学習として授業に組み込んでいく上では、年間計画の中にコンピュータリテラシーの枠をもう少し増やしていく必要があるのと、そのためには他の何を削るか検討の余地がある。

　指導者のスキルの面では、どの先生も使えて指導できる力が付くように校内研修会を行う、ゲストティーチャーかICT支援のボランティアを募集するなど、人的な面での強化が必要といえる。

アベ先生の視点

この授業は、プログラミングを総合的な学習の時間で実施されていますが、先生も書かれているように、図画工作で行う方法もあったかもしれません。創造的な活動と総合で求められる探求的な活動は必ずしも背反するものではありませんが、制作の過程では、その枠を設けることによって、創造することの楽しさを感じることの妨げになることもあるでしょう。

一方、図工で行う場合は、「コンピュータ、カメラなどの情報機器を利用することについては、表現や鑑賞の活動で使う用具の一つとして扱うとともに、必要性を十分に検討して利用すること」が求められます。その観点で見たとき、プログラミングが表現の用具として有効であったことは、出来上がった作品や児童の感想からも読み取れます。

さらに、コンピュータのプログラミングが得意とする正確な繰り返しや、条件を変えるだけでいろいろな動きを試せることなど、従来の用具とコンピュータとの違いに思いが至れば、情報の探求の芽となるかもしれません。

コンピュータというと、とかく無機的で非人間的なものと思われがちですが、単にコンテンツを使うだけの受け身的ではなく、創作の過程を通して、主体的、能動的に関わることで、総則で求められる「プログラムの働きやよさ、情報社会がコンピュータをはじめとする情報技術によって支えられていること」への気付きにつながっていくでしょう。

Column

アンプラグド・プログラミングとコンピュータ・プログラミング

『Why!?プログラミング』では、ジェイソンがプログラムで動くロボットになりすまし、プログラムの通りにジェイソン・ロボットが動く「ジェイソンをプログラミング」のコーナーが設けられています。このコーナーは、実際のコンピュータを使用せずにプログラミングの概念を学ぶ「アンプラグド・プログラミング」の実例と言えます。例えば、算数の正三角形をScratchで描くような場合、ジェイソンのように児童が歩いて正三角形を描いてみるといったアンプラグド・プログラミング体験などが考えられます。

しかし、ここで注意しなければいけないことがあります。それは、このアンプラグド・プログラミングを行ったからといって「プログラミングを体験した」とは言えないということです。必ず、実際のコンピュータ・プログラミングで試してみる「体験」が必要です。

例えば、アンプラグド・プログラミングは、算数の学習で、算数をより理解するための「手段」である具体的操作（具体物操作）、コンピュータ・プログラミングは、算数学習の「目的」とも言える念頭操作（思考操作）に相当するものと考えればいいでしょう。

厳密に言えば、コンピュータ・プログラムでも具体的操作（具体物操作）に相当する学びが頻繁に行われますが、アンプラグドとコンピュータ・プログラミングを相互に繰り返すことでより理解が深まります。「アンプラグド・プログラミングの学びを生かしたコンピュータ・プログラミング体験」が求められます。

Column

プログラミング的思考とは？

プログラミング的思考は「自分が意図する一連の活動を実現するために、どのような動きの組合せが必要であり、一つ一つの動きに対応した記号を、どのように組み合わせたらいいのか、記号の組合せをどのように改善していけば、より意図した活動に近づくのか、といったことを論理的に考えていく力」とされます[1]。

ただし、「小学校においては、児童がプログラミングを体験しながら」身に付けることとされており、コンピュータを使った実践を試行錯誤的に行うことが望まれます。

なお、「プログラミング的思考」の基となる考え方として「コンピュータ的思考（Computational Thinking）」[2]があります。

[1]「小学校段階におけるプログラミング教育の在り方について（議論の取りまとめ）」（以下）に記されています。
http://www.mext.go.jp/b_menu/shingi/chousa/shotou/122/attach/1372525.htm

[2] Computational Thinkingについては以下を参照。
https://www.cs.cmu.edu/afs/cs/usr/wing/www/ct-japanese.pdf

中学年 ｜ 4年生 ｜ 総合、または学級活動

デジタル通信の原理を知ろう

学年	小学校4年生（参加人数：31名）
教科	総合的な学習の時間、または学級活動
単元	エンコード・デコードで遊ぼう
授業時間	全2時限
授業形態	個別（ただし交流あり）
担当	調布市立石原小学校　片柳木の実先生
Why!?プログラミング利用回	「No.10 自分だけの楽器をつくれ」の「ジェイソンをプログラミング　エンコード・デコード」

先生による補足：78ページの「オリジナルキャラクターを動かそう」と同じクラス（小学校4年生31名）が対象です。

1 ［授業の概要］

・高度な内容のエンコード・デコードを小学生が楽しみながら、手を動かして主体的に学ぶことができた。
・遊びながら、作りながら、日常でも使われるデータ通信の原理が分かる。
・物事の仕組みを知ることで、多様な見方・考え方が身に付くことを狙っている。
・「ジェイソンをプログラミング」を効率的・効果的に活用し、全2時限で実施することができた。

2 ［前提条件と準備］

2.3 準備

2.3.1 指導案・提示教材・資料等
・練習用の6マス×6マスの用紙、本番用の9マス×9マスの用紙
・画用紙の切れ端のような細長い紙（エンコードした数字の書き取り用）

2.3.2 サンプルプログラム
・練習用提示教材として、6マス×6マスのサンプル問題（「石」「犬」などの簡単なもの）を2～3種類作っておく。最初にサンプル問題で練習してデコードの仕組みを理解させる。

図1 ●練習時の様子

3 ［授業内容と指導案］

3.1 単元の狙い／単元計画／プログラミングの活用形態／

単元名は、「エンコード・デコードで遊ぼう」で、その狙いは次の通り。

- 自分の描いた絵をエンコードしてデジタル符号化する活動や符号化された情報をデコードして元の絵に直す活動を通して、エンコード・デコードの原理を知る。
- 学級活動などの室内遊びや、レクリエーションに生かす。

3.2 学習計画（授業の流れ・実践の手順）

3.2.1 配分時間と詳細

3．指導計画（2時間）

図2●エンコード（ジェイソンをプログラミングから）

図3●デコード（ジェイソンをプログラミングから）

図4●伝えたい絵や文字を作成

	学習内容・活動	教師の指導・支援　◆評価
第1時限	・『Why!?プログラミング』の「ジェイソンをプログラミング」の「エンコード・デコード」を見る（図2、図3）。	・「NHK for School」のサイトを利用する。
	エンコード・デコードの仕組みを知ろう	
	・与えられた数の並びから得た情報を6×6のマス目上にデコードする活動を通して、その原理を理解する。	・あらかじめ教師がエンコードしておいたものを複数用意しておく。 Aの問題の答え→「石」の字 Bの問題の答え→「犬」の字、など ・ジェイソンと同じ9×9のマス目の用紙を用意しておく。 ・3cm幅の長細い画用紙を用意しておく。
	・9×9のマス目を使用して、伝えたいモザイク絵や文字を白と黒で作る（図4）。 ・自分の描いた画像をエンコードし、友達に発信する問題の情報を作る。数値の横に発信者名も書いておく。	◆作業の手順を理解し、数値からデコードしたり、自分の絵をエンコードしたりすることができたか。
第2時限	**エンコード・デコードを通してデータの通信を体験しよう**	
	・友達の発信した情報をデコードして、元の絵を再現する。 ・発信者に正解かどうか見てもらい評価し合う。 ・コンピュータ上で見る文字や画像は拡大すると小さな点の集まりであることに気付き、エンコードとデコードの処理によって画像や文字などのデータを保存したり送信したりしていることを知る。 ・音楽をデジタル化してCDに焼き、それをプレーヤーで再生することや、動画をDVDに焼いたり再生したりすることもエンコード・デコードであると知る。 ・感想を発表し合う。	・作業が進まない児童には個別に支援をする。 ◆身の回りにある多くのコンピュータやデジタル機器において、エンコード・デコードの原理でデータが処理されて、変換、保存、伝達、再現などが行われていることに気付くことができたか。

3.3 指導のポイント（教科単元として／プログラミングとして／児童生活への波及として）

　教科としては、「総合的な学習の時間」の「情報」の余剰時間で行ったが、その後は、雨で室内遊びをするときなどに「エンコード・デコードで遊ぼう」と誘い合って遊ぶ姿が見られ、たてわり活動やレクリエーションの時間にも役に立つ遊びのレパートリーが増えたといえる。

監修者から：失敗することはありましたか？ あったとすれば、何が原因でしたか？ 児童はそれに気付きましたか？ また、このクリップの範囲を超えますが、誤り訂正の仕組みまで発展するとさらに面白いかもしれません。

先生からの回答：最初は白から始めることが守られていれば、ほとんど失敗はありませんでした。ただし、不注意で読み飛ばした児童もいました。それでも、当初想定していたよりも、失敗はほとんどいなくて、むしろ驚きました。第一段階での説明を6×6マスにしたのも良かったと思うし、実際の作業である9×9マスについても間違いの少ない適正な大きさだったと思います。

監修者から：学んだことが遊びに取り入れており、大変興味深いです。

3.4 評価のポイント
　　（学習態度／単元の理解／プログラミングの理解）

　アナログからデジタルへ、デジタルからアナログへの変換や通信は、現代社会では至るところで行われているが、多くの児童はそれに気付かずに生活している。その原理を知ることで、何気なく見過ごしていた日常生活の中で、いろいろな出来事に隠れている「エンコード・デコード」に気付き、物事に対する知的な見方・考え方が育つとともに、興味・関心が広がることを期待している。

4 ［振り返り（フィードバック）］

4.1 児童の振り返り

　今回、本番では9×9マスだったが、もっと大きなマスで複雑な絵を描いてやってみたいと感想を述べている児童が多くいた。実際に普段使っている5ミリメートル方眼のノートで挑戦している児童もいたが、マスの数が2ケタ以上になるときの表し方に工夫が必要になることや、人間の手作業で行うのはとても手間と時間がかかることにも気付いたようだった。写真の画像や音楽、動画などをエンコードするのはさぞ大変だろうと想像するとともに、コンピュータなどの機械を使って電気のオン／オフ、0／1で通信すれば膨大な量のデータも一瞬で送れるということの凄さにも気付くことができた。

4.2 先生の振り返り

　ジェイソンをプログラミング「エンコード・デコード」のクリップは、時間にして2分半という短いエピソードだが、その中に潜む内容はとても大きい。室内レクリエーションとしても楽しい「エンコード・デコード」遊びを通して、世の中にあふれるデータ通信の原理を知ることで、与えられたゲームでただ遊ぶのでなく、その仕組みに興味を持ったり、知的な見方・考え方で物事を見たりする力が養われることを期待したい。

監修者から：カラーでやっても面白いです。「なるほどわかったコンピューターとプログラミング（ひさかたチャイルド、2017）」に方法が載っています。また、エンコードしたマスの数と、デコードするマスの数を変えたり、0と1を逆にしたりすると面白い結果になります。

監修者から：さらに、0だとピー、1だとプーのように声に出して送ることもできます（ファクシミリの原理）。リコーダーなどでも可能です。

アベ先生の視点

エンコード（符号化）とデコード（復号）の考え方は、小学校の教育過程にはなく、現行学習指導要領では、高校の「社会と情報」で扱う内容です。しかしながら、この授業を見ても分かるように、小学生でも適切な手順で説明し、実際に手を動かして演習を行えば、十分に理解できるばかりか、それを応用した遊びを思い付くところまで主体的に行うことができます。この仕組みは、図形だけでなく、音なども同じ考え方で扱えるという一般化に理解が及んだのも興味深いところです。

子どもたちの学びと生活とを結び付けることの必要性は、中教審答申でも言われていることですが、子どもたちにとって、遊びや創作こそが生活の一部であり、遊びながら、作りながら学ぶことの大切さがこの授業で示されていると思います。

さらには、これを算数のマス目を使った図形の単元に結び付けていくことも可能でしょう。教科は便宜的な分類であり、本来は有機的につながっているものだという気付きにつながるかもしれません。

Column

遊びながら、作りながら学ぶ
── ティンカリング（ブリコラージュ）と構築主義

ありあわせの素材を使って試行錯誤しながら新しいもの（価値）を作り出していくことをティンカリングやDIY（Do It Yourself）と言います。このティンカリングはScratchの設計思想というべき考え方です。

私たちの生活や学習、創造、発明、文化、仕事のあり方において、このティンカリングが注目を集めたのは、1960年代にフランスの文化人類学者クロード・レヴィ＝ストロースが著書『野生の思考』で、それまで「雑なやっつけ仕事」として軽視されてきたティンカリング（野生の思考）の価値を哲学的に再評価し、価値の転換を図ったことがきっかけです。仏語（哲学）では「ブリコラージュ」といい、このブリコラージュを行う人をブリコルールと言います。

当時、米マサチューセッツ工科大学の発達心理学者シーモア・パパートは、ジャン・ピアジェの「構成主義」の研究を基に、遊びながら、作りながら学ぶ「構築主義」という教育思想を提唱し、同時期にScratchの原型とも言えるプログラミング言語「LOGO」[※1]を開発しました。この構築主義の研究過程で、価値の転換が図られつつあったティンカリング（ブリコラージュ、野生の思考）の考え方が大きな影響を及ぼしたと言われています。

Scratchプログラミングはいわば「ティンカリング的思考（野生の思考）」を育むものであるのかもしれません。

※1 LOGOについて詳しくは以下を参照。
http://el.media.mit.edu/logo-foundation/what_is_logo/index.html

> **Column**
>
> ### ティンカリングとエンジニアリング（工学）との関係
>
> 　哲学では、ティンカリング（野生の思考）と対比する概念としてエンジニアリング（工学）を「栽培された思考」と捉えます。しかし、現代のエンジニアリングの概念には、ティンカリングが含まれるとする学説もあります。また、現代のITシステム・エンジニアリングの世界では、ティンカリングによるシステム開発が頻繁に行われていると言われています。

> **Column**
>
> ### Scratch 2.0のオフラインエディターとオンラインエディターの使い分け
>
> 　オフラインエディターとオンラインエディターには、それぞれメリットとデメリットがあります。
> 　オフラインエディターは名前の通り、ネットワーク環境がなくても使えます。ただし、あらかじめアプリケーションをインストールしておく必要があります。
> 　オンラインエディターであれば、対応したウェブブラウザーとFlashプレイヤーがあれば大丈夫です。
> 　また、オフラインエディターでは作成した作品（プロジェクト）を手元のパソコンに手動で保存する必要がありますが、オンラインエディターではクラウドに自動保存されるため、トラブルによる消失の可能性が低くなっています。資料の配布や作品の回収も容易です。

> **Column**
>
> ### Scratch 3.0でなにが変わるのか
>
> 　2019年1月にScratch 3.0がリリースされる予定です。Scratch 3.0は、HTML5で作成されているため、2020年にサポートが終了するAdobe Flashに依存しません。そのため、iPadやAndroidタブレットでも動作します。一方、Internet Exproler（IE）などの古いウェブブラウザーでは動作しません。
> 　今まで作成したScratch 2.0のプロジェクトは、全て、Scratch 3.0でも動作します。すでにScratch 3.0のベータ版が公開されているので[※1]、試してみるとよいでしょう。
> 　インターネット接続環境がなく、Scratch 2.0 オフラインエディターを使っている場合は、Scratch 3.0のリリース後もそのまま使うことができます。ただし、オフラインエディターで使われているAdobe AIRも2020年にサポートが終了します。それまでには、Scratch 3.0のオフラインエディターがリリースされる予定です。
> 　なお、Scratch 1.4は、Adobe製品に依存していないため、これからもずっと使えます。
>
> ※1 Scratch 3.0のベータ版は以下から試せます（2018年10月末現在）。
> 　　https://beta.scratch.mit.edu/

Column

教科教育とプログラミング
── 本書で紹介しきれない教科（図工、家庭、体育）について

　新しい小学校指導要領の解説には、算数と理科でのプログラミング体験が「例示」されています。しかし、他のどのような教科でも、プログラミング学習の導入が、その教科の学びに良い影響を与える可能性があります。特に「作りながら学ぶ」ことで、単純な作業に終始しがちな教科学習を、より楽しく、創造的な学びに転換できることが期待できます。

　本書では、残念ながら、図工科、家庭科、体育科での実践例は紹介していません。

　しかし、例えば、本書で紹介する世田谷区立八幡小学校では、プログラミングの学習の後に、番組の「ジェイソンをプログラミング」の真似をして「体育の準備体操」を取り入れています。これによって、どのような学びや影響があったかについては22ページをご参照ください。また、本書に収録した実践をされている先生方との話し合いでは、例えば、ボールゲームで複数の選手をプログラミングで動かし、戦術を考えるといったアイデアなども提案されました。

　家庭科については、『Why!?プログラミング』の「Why!?プログラミング アワード 2018」で最優秀賞に選ばれた「編み物支援ツール[※1]」などが参考になるでしょう。また、コンピュータ・プログラムで制御している家電製品（掃除機、ミシン、冷蔵庫、照明、湯沸かし器など）に関する学びや、単元「消費生活と環境」で毎月の電気代や食費などの消費シミュレーション・プログラムによって節約・省エネのための手立てを考える授業などが考えられます。他方、清掃や調理・料理の段取り、手順などはプログラミングに通じるものがあります。そうした単元や題材に合わせて、うまくプログラミングを取り入れることで家庭科の学びの幅を広げることができるかもしれません。

　図工科については、Scratchプログラミングでは、アニメーションやイラストの制作などを伴うことが非常に多く、「デジタル表現」という図工・美術的な観点を体験できる機会は多いでしょう。例えば、本書で紹介する調布市立石原小学校の「総合」の実践である「自分たちの動物園（生き物ワールド）を作ろう」（78ページを参照）は、片柳木の実先生のコメントでも触れられていますが、図工科の学習としても違和感はありません。また、世田谷区八幡小学校の国語の「コマづくり」の学習は、内容は「コマ作りの説明書を読解してコマをつくる」ことではありますが、同時に、図工科的な学びの要素も見ることができます（16ページを参照）。図工科の高学年の目標にある「創造的につくったり表したり」としてプログラミングを導入することなども考えられます。本書には収録していませんが、愛知県岡崎市の小学校では、児童が描いた絵をパーツごとにスキャンをしてパソコンに取り込み、それぞれのパーツの絵を動かして表現をする授業や自分の描いた「絵」を動かす表現の授業などが実践された例もあります。この実践例では、ムンクの『叫び』のように絵を縮ませて叫んでいるように動かすプログラムを作った児童もいたようです。

　本書をお読みの全国の先生方には、本書に収録していない図工、家庭、体育などの教科学習でのプログラミング実践にぜひチャレンジされることをお勧めしたいと思います。

※1 編み物支援ツールについては以下を参照。
　　https://www.nhk.or.jp/school/programming/oogiri/works_23.html

高学年

94	**5年生 ｜ 算数**	
	正多角形を描いてみよう	
100	**5年生 ｜ 総合**	
	ロボットを助けてあげよう：初めてのプログラミング	
110	**6年生 ｜ 算数**	
	起こり得る場合の数を調べよう	
118	**6年生 ｜ 理科**	
	自分たちの節電プログラムを考えよう	
130	**6年生 ｜ 音楽と総合の合科**	
	生活音をプログラムして即興的な表現を楽しもう	
140	**6年生 ｜ 外国語、または総合**	
	英語を使って道案内をしよう	

高学年 | 5年生 | 算数

正多角形を描いてみよう

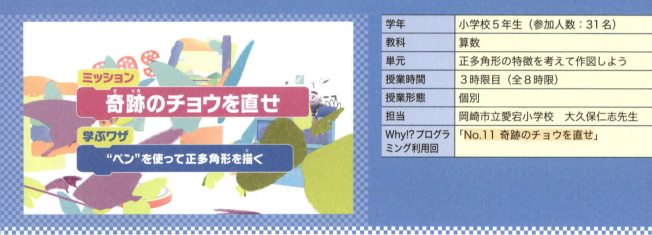

学年	小学校5年生（参加人数：31名）
教科	算数
単元	正多角形の特徴を考えて作図しよう
授業時間	3時限目（全8時限）
授業形態	個別
担当	岡崎市立愛宕小学校　大久保仁志先生
Why!?プログラミング利用回	「No.11 奇跡のチョウを直せ」

先生による補足：以下のサイトの右端の「チャプター」における「scene 04 ラムから出された問題」を視聴しています。
http://www.nhk.or.jp/sougou/programming/?das_id=D0005180312_00000

図1●「奇跡のチョウを直せ」を見る

1 ［授業の概要］

- 正多角形作図でのプログラミング利用であり、これは新学習指導要領で例示され、教科書の検定基準も示されている単元である。
- 児童が主体的に体験し、試行錯誤した結果として、正多角形の特徴を帰納的に見つけられるようにする。
- そのためには、児童たちのアイデアから先生の意図に沿ったものだけを拾うのではなく、各児童の考えをしっかり聞き取る必要がある。
- めあてを達成した後に自由制作の時間を設けることも大切である。

2 ［前提条件と準備］

2.1 環境と2.2 習熟度については、70ページの「学区と近隣をたんけんして調べよう」と同じであるため省略。

2.3 準備

2.3.1 指導案・提示教材・資料等

「指導の流れ」をICT支援員とともに、1時間程度かけて作成。
以下で紹介するサンプルプログラムの準備も行った。

2.3.2 サンプルプログラム

Scratch 2.0用のサンプルプログラムを事前に作成。児童別フォルダを共有フォルダ内に作成し、サンプルプログラムのコピーを保存して利用した。
サンプルプログラムの内容を次ページに示す。

サンプルプログラム

　はじめに提示したプログラムは、「緑の旗がクリックされたとき」が押されたら線を描くという比較的単純なプログラムである。『Why!?プログラミング』を視聴した後に児童は、角度を設定しながら折れ曲がった線を書いて、多角形を描く。外角をつけて線を書くようにすれば、多角形ができる。
　今回は、演算式を入れて、外角の角度を計算させて、正多角形を描くようにする。正六角形での例を以下に示す。

正六角形の例

監修者から：後の話に出てきますが、この授業のハイライトの1つは、児童が主体的に試行錯誤した結果、360を頂点の数で割ると、回す角度（外角）になることを、帰納的に見つけるところです。先回りして、先生が答えを言ってしまわないように注意してください。その意味で、番組をそのまま通してみるのではなく、適宜一時停止して、試す時間をとることが大切です。

　また、正七角形の場合は、数値で角と外角が割り切れない。しかし、演算式で「360／7」とすれば、簡単に正七角形が描ける。

監修者から：同じく、この割り切れないという経験も、まず児童にさせてからでないと、そのすごさが伝わりません。

正七角形の例

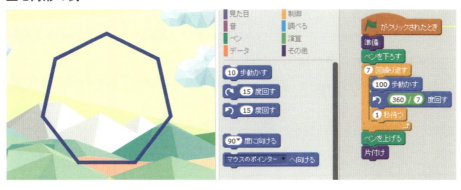

　これを利用して、多くの辺を持つ多角形を描いていく。そして外角を小さくしていくと円が描ける。

監修者から：同じく、いろいろな数で試すように促すと、クラスで何人かはこれを見つけると思います。その児童をうまく拾って、他の児童に示すようにしましょう。

高学年 | 5年生 | 算数

外角を小さくした例

　外角を小さくして、例えば上図のように正360角形にすると、ほぼ円になることを確認する（図2）。

図2●円に近くなることを確認している様子

3 ［授業内容と指導案］

3.1 単元の狙い／単元計画／プログラミングの活用形態／

単元の狙い
　正多角形を作図するときの図形の特徴を調べ、その特徴から辺の多い多角形を作図する。多角形の辺を多くすると円に近くなることを知る。

単元計画

時数	内容	表現方法
1～3	・正多角形の図形の特徴を調べよう ・中心角の等分割による正多角形形の作図をしよう。 ・円周の等分による正多角形の作図をしよう。 ・図形の特徴を調べ、正多角形を作図しよう。（本時）	コンパスを使って作図する。 プログラミングで、正多角形を描く
4～6	・円周と直径の関係を調べよう。 ・円周と直径の長さを求めよう。	
7・8	・円周と直径の長さの比較をしよう。 ・直径と円周の関数的関係を調べよう。	プログラミングで関係を確かめる

プログラミングの活用形態
　プログラミングはパソコン室で行う。児童のプログラミング活動・操作は児童機で個別に行う。操作中に分からないことがあれば、友達に聞けるように離席を許可し、児童同士が情報交換しながら行えるようにした。導入から学習課題や整理段階では、児童をパソコン室の前方に集めて一斉隊形とし、学習の焦点化を図った。

3.2 学習計画（授業流れ・実践の手順）

3.2.1 配分時間と詳細

段階	児童の活動	教師の活動・支援
授業前	・『Why!?プログラミング』の「No.11 奇跡のチョウを直せ」を視聴する。 ・ワークシートへの記述　正六角形を描くプログラミングを記述する。（15分程度）	・授業の間やお昼の時間に、視聴できるようにする。
導入	・前時の復習から正六角形を作図する。 ・正六角形の作図では、なぜ外角を60度回すのかを考える。 ・教師と児童の対話により、外角に補助線を引いて、「60度」という数値を算出する方法を発表する（図3）。 ・プログラミングの内容から正多角形の特徴を考える。	・前時までの学習内容を想起し、学習課題に迫るようにする。 ・正多角形の角の中心角と外角の大きさに着目できるようにする。
問題把握・探究型学習	・学習課題「正多角形の特徴を調べて、たくさんの正多角形を描こう」を把握する。 ＜正六角形→正七角形→辺を増やしていくとどうなるか＞ ・モデルスクリプトを見て、プログラミングの方法を知る。 ・各自のパソコンに分かれて、正多角形を描く。回す角度は、数値ではなく、演算式を利用する。 ・友達と相談したり、友達のプログラムを参考にしたりしてプログラミングを行う。 ・一度パソコン室前方に集合して友達の作った多角形の描画を見る。児童は、その特徴として、辺（角）数と360を割る数が同じことを発見する。 ・辺（角）を増やしていくと、どのような図形になるか考えてプログラミングを再開する。	・モデルスクリプトを提示し、円滑に作図できるようにする。 ・外角は、数値ではなく演算を利用するよう説明する。 ・児童の探究型学習のモチベーションが上がるように対話的に情報交換する。
整理	・いったん操作をやめて、友達の作図を見る。 ・作品の発表をしてその特徴を説明できる。 ・友達の発表を聞いて、円の作図ができるようにする。 ・ワークシートに記述する。	・作図の発表をする。 ・単なる発表にならず対話的に進むようにする。 ・ワークシートに気付きやもっとやりたかったことも記述する。

3.3 指導のポイント（教科の授業として／プログラミングとして／児童生活への波及として）

教科の授業として

　算数の図形の授業は、学習指導要領のプログラミングの例にある。Scratchでは、内角と辺（角）数の関係ではなく、外角との関係になるが、児童は問題なく、正多角形の特徴として、外角と辺（角）数の関係を理解することができた。外角が大きければ、辺（角）の数は少なく、小さければ多くなることが分かる。外角の値を演算式で示したことから、正七角形など実際に描画しにくい図形を描くこともできた。

　また、この授業では、外角と辺（角）数を増やしていくとどんどん円に近くなることも学んでいる。

先生による補足：前述したように、「scene 04 ラムから出された問題」を視聴しました。

監修者から：実際に正多角形の形に歩いてみて、回った角度を測ってみるのも有効です。

図3●角度の数値を算出する方法を発表

監修者から：実際の授業では、六角形→七角形→八角形と段階を経て学習が進み、段階ごとで教師と児童が対話しながら確認をし、学習活動が小さなサイクルの積み重ねで進み、児童たちがよく理解できていました。
また、最終的に「円になる」ということを、学習の半分をすぎたくらいから児童が予測し始め、「円になる」とつぶやく児童も見られました。角の数が増えるとどんどん円に近くなるという多角形の性質について、児童がワクワクしながら学んでいた様子がうかがえました。

監修者から：児童が辺（角）の数と回る数の関係を見つけるところにもっとフォーカスしてもよかったかもしれません。

監修者から：教科学習として成立し損なうプログラミング学習が多い中、本授業は「算数（数学）の学習」に即したプログラミング学習であり、「適切な算数の学習」だったと思います。児童も、ごく自然に、非常に楽しく学んでおり、そして、よく理解していました。

プログラミングでの思考の変化

本時の内容に合致する『Why!?プログラミング』の「No.11 奇跡のチョウを直せ」を視聴してから本時を行ったことで、児童のプログラミングの操作は早く、つまずく児童はいなかった。

また、うまく描画できなかった児童のプログラミングでは、回る回数が多く、2周して重ねて描画してしまったものが多かった。チョウの気持ちになって、実際に自分で歩いてみるようにすると理解しやすかったようだ。そうすることで、始点の位置で描画が終わるようにすることを考えるようになったためと思われる。試行錯誤により自然と図形のプログラミングの特徴として、描画する回数と360度を割る数が同じであることが理解できた。

3.4 評価のポイント
（学習態度／単元の理解／プログラミングの理解）

『Why!?プログラミング』の視聴により、操作する内容が明確であったことやプログラミングにより、描画するための特徴がよく分かった。また、図形描画の美しさから、児童の操作に対するモチベーションは上がっていた。

次時には、プログラミングで正三角形や正四角形を基にしていろいろな図形を描くことも行った。

4 ［振り返り（フィードバック）］

4.1 児童の振り返り

究明活動の途中で、正十二角形などの描画ができている児童の作品を全員で見ながら、正多角形の特徴を理解した。ワークシートの記述例を以下に示す。

- 正七角形の外角は、計算が難しくコンパスでもうまく描けなかったけど、プログラミングでうまく描けたので、よかった。
- 思ったよりたくさんの正多角形が描けた。印刷するときれいだと思った。
- Scratchの演算カテゴリーにある割り算のブロックの使い方が分かった（図4）。正十三角形も描けた。
- 辺（角）を多くすると、円の形に近付くことが分かった。

図4●割り算のブロック

4.2 先生の振り返り

授業後の先生の意見を以下に示す。

- 『Why!?プログラミング』を見てからの授業だった。そのため、番組と同じサンプルプログラムから始めたこともあり、操作面でつまずく児童はいなかった。

- 図形の描画は、きれいに描けることから、児童たちの学習意欲は最後まで高かった。基本的な多角形の描画の後、その多角形を組み合わせたり、回転させたりして、多角形による模様を描くなど、工夫しながら図形を描いていた（図5）。
- 演算の使い方が分かったので、他の学習場面で利用できると思った。
- 従来の関わり合う数（関数）は、表にして特徴を考えたが、プログラミングで行うと、試行錯誤が簡単にできるので、その関係を見つけやすいと思った。

> 監修者から：児童たちの関心は、面白い図形を描くところにもあるので、自由に描かせてみて、最後にお互いの気付きを聞いてみてもよかったかもしれません。

4.3 校長から一言

教師は，学習内容を理解させようと、説明が多くある傾向がある。5年生の担任も同様に、指示が多くなりがちであった。しかし、本時のプログラミングを使った授業では、学習課題の把握をしてから、ほとんど活動を児童に任せ、描画する児童に「どうやったの？」「なにか分かった？」などと聞いて、児童の思考内容の把握しながら巡回していた。プログラミングによる児童の気付きが、分かりやすいと感じたからだと思う。この教師は、他の教室で行う授業でも、授業方法が変わってきた。それは、「算数をより分かりやすく教える」という段階から、「児童が自ら学べるような授業」になってきたということである。さらにもう一歩進めて、算数を習う（教えらえる）ではなく「児童が何かを作ることによって算数を学んでいく」ことができるようになるとさらに「高度（＝深い）」な学びになると思う。

図5● 児童が工夫して描いた図形の例

アベ先生の視点

正多角形の作図でのプログラミングの利用は、新学習指導要領でも例示され、教科書の検定基準も示されている単元です。そこには、「正確な繰り返し作業を行う必要があり、さらに一部を変えることでいろいろな正多角形を同様に考えることができる場面」で用いることとあります。この授業では、ほぼそれに沿う形で行われていると思います。

ここでのポイントは、いかに児童たちに自由にプログラミングさせるかです。ちょっとしたヒントやきっかけを与えることで、いろいろな方法をどんどん試し始めるでしょう。このような試行錯誤にプログラミングは向いています。そのとき、明らかに授業から外れたことをやり始める児童も出てくると思います。これをどこまで許すかは難しい判断です。よく見ると、その児童なりに自分の気付きを確認しているのかもしれません。

児童たちのアイデアの中から、先生の意図に沿ったものだけを拾うのではなく、その考えをしっかり聞き取る必要があります。予定調和的なゴールに向かって収束させようとすると、児童たちはその意図にすぐ気付いて、想像力を働かせることを止め、先生が期待する答えを探し始めます。

めあてを達成した後に自由制作の時間を設けることも大切です。これがあることで、子どもたちは、算数の中に自分にとっての価値を見いだすことができます。

高学年 | 5年生 | 総合

ロボットを助けてあげよう：
初めてのプログラミング

順次

学年	小学校5年生、または小学校6年生（参加人数：19名）
教科	総合的な学習の時間
単元	プログラミングって何だろう？
授業時間	全2時限
授業形態	1時限目：グループ活動（教室） 2時限目：個別（パソコン室）
担当	岡山大学大学院教育学研究科　岡崎善弘先生、玉井美帆、桑野有加
Why!?プログラミング利用回	「No.1 壊れた魚を動かせ」の「ジェイソンをプログラミング　順次」

先生による補足：授業は倉敷市沙美小学校で行いました。実践授業を準備する上で以下の方々にご支援・ご協力いただきました。岡山県教育委員会、倉敷市教育委員会、沙美小学校研究室所属学生（三谿佑佳・矢吹優衣・大橋祐也・前田絵理花）

先生による補足：授業内で視聴させたのではなく、今回の授業作成の際に参考にしました。

1 [授業の概要]

- 「ジェイソンをプログラミング」を参考にアンプラグドを効果的に活用した。
- 身の回りにある具体物を使うことで児童がプログラムを身近に感じられるようにした。
- 試行錯誤する時間を設けることにより、1人あるいは友達同士で教え合いながら探究できるようにした。
- 「プログラミングは難しい」というイメージを払拭し、肯定的に捉えられるようにした。

2 [前提条件と準備]

2.1 環境

2.1.1 機材について
プロジェクタ、1人1台のパソコン（パソコン室を使用した場合）

2.1.2 ネットについて
インターネット接続あり（有線）

2.1.3 端末について
ノートパソコン（Windows 10搭載、15.6インチディスプレイ）

2.1.4 ソフトウェアについて
Scratch 2.0 オフラインエディター

2.2 習熟度

2.2.1 学校情報機器の利用頻度と一般的操作習熟度

自宅で情報サイトや動画サイトを見ている児童がほとんどであり、パソコン操作や検索作業はどの児童もスムーズである。理科や社会科の調べ学習では、月に数回は児童がインターネットで情報検索をしている。また、パソコンを使った創作活動や自己紹介カード・係の紹介の掲示物などの作成では**デイジーピックス**などの市販のソフトを使って作成することができる。卒業アルバムも児童が写真を選択・構成し、ネット上の業者に製本を依頼している。また、月に1回程度、パソコンの専門スタッフが来て情報教育の指導を行っている。

以上の様子から、児童たちのパソコンの利用頻度や操作習熟度ともに通常レベルであり、年齢相応の知識と技能を有しているものと思われる。

> **デイジーピックス**：市川ソフトラボラトリーの教育期間向け写真編集ソフトです。
> https://www.isl.co.jp/edu/product/dpx/

2.2.2 児童のプログラミング習熟（全体レベルと個々人の差）

Scratchなどでプログラミングを経験している児童はいなかった。

2.2.3 先生のプログラミング習熟

岡山大学教育学部の学部3年生が先生役（2名）とサポート役（3名）を担当した。授業実施日の約6か月前から週に1回の頻度で『Why!?プログラミング』の視聴やプログラミング教育に関連する書籍・ウェブで見られる情報や記事を読むなどプログラミング教育の理解を深める学習をしていた。

学生は本授業の準備を契機としてプログラミングに触れ始め、約1か月で学生全員がScratchで簡単なゲームを作成できるようになった。また、プログラミングのワークショップを開催し、児童たちのプログラミングに対する反応などを観察した上で、どのような支援体制が最適なのか、どのように進めるとよいのかなどの協議も行った。例えば、初めてScratchを操作する児童にとって、先生の説明を聞きながらパソコンを操作することはとても難しい。パソコンの操作に夢中になってしまった結果、状況が分からなくなって困惑していることもあった。児童たちがScratchにまだ慣れていないころは、操作の説明を段階的に少しずつ行い、児童たちが説明した通りにプログラミングできているかどうかをサポート役が確認するようにした。児童全員が達成できていたら、サポート役は先生役にサインを送り、先生役は、サポート役のサインを確認してから次の説明を行った。

> **先生による補足**：書籍は以下を参照しました。
> 「作ることで学ぶ――Makerを育てる新しい教育のメソッド（オライリー・ジャパン、2015）」「はじめよう！プログラミング教育：新しい時代の基本スキルを育む（日本標準、2017）」「ルビィのぼうけん こんにちはプログラミング！（翔泳社、2016）」「プログラミング入門講座――基本と思考法と重要事項がきちんと学べる授業（SBクリエイティブ、2016）」「マインドストーム新装版 子供、コンピュータ、そして強力なアイデア（未来社、1995）」

2.2.4 先生以外の支援体制

学生が作成したプログラムのチェックや相談に応じる支援員として、岡山市内で小学生対象のプログラミング教室（ロジックラボ for kids）を開いている大角茂之氏に協力を求めた。

高学年 | 5年生 | 総合

図1 ●ロボットの衣装

図2 ●プログラミングカードの例

先生による補足：前日にScratch 2.0オフラインエディターを各パソコンにインストールしました。

先生による補足：プログラミングカードを作成する際、利用しなくてもよいカードを含めたり、必要なカードだけを提示したりすることで、各学年に合わせて難易度を調整することができます。

監修者から：学習指導要領との関連が述べられていて興味深いです。総合的な学習の時間だからこその「探究的な目的」が示されています。

2.3 準備

2.3.1 指導案・提示教材・資料など

1時限目：ロボットのプログラミングを直してみよう
- 「ジェイソンをプログラミング　順次」に基づいて指導案を作成
- ダンボールで作成したロボットの衣装（図1）
- ロボットの動作を1つずつ記述したプログラミングカード（図2）
- セーフティーダーツ（マジックテープ型）
- スイカ模様の紙風船
- スタンプ
- ホワイトボード（小型）

2時限目：ネコから逃げるネズミ
- Scratch 2.0 オフラインエディター
- ホワイトスクリーン上に教員用パソコン画面を投射して操作方法を説明

2.3.2 サンプルプログラム

ロボットのプログラミングを直してみよう（1時限目）で用いたプログラムカードを表1に示す。間違った順番でロボットに動いてもらい、うまく動かない様子を見せた。表1の通りにロボットが動作すると、ボール投げでは、「当たった」と言った後にボールを壁に投げつけ、スイカ割では、棒を振り下ろして地面を叩いたあと、地面に棒を擦りつけながらスイカに近付く。いずれも普段の生活では見ない不思議な動作であるため、児童たちは笑いながら「なぜ！？」「順番が違う！」と動作の間違いを指摘していた。

ボール投げ	スイカ割り	スタンプ
左に1歩すすむ	棒をつかむ	「押しました」と言う
「当たった」と言う	「ヤー！」と言う	3秒待つ
右に1歩すすむ	棒を振り上げる	スタンプをつかむ
ボールをつかむ	棒を振り下ろす	スタンプを持ち上げる
ボールをなげる	前に1歩進む	スタンプを下ろす
前に1歩すすむ	前に1歩進む	「紙を下さい」と言う

表1 ●プログラミングカードの例（正しくない順番で並べている）

3 ［授業内容と指導案］

3.1 単元の狙い／単元計画／プログラミングの活用形態／

［単元の狙い］［単元計画］

総合的な学習の時間でプログラミングを扱う場合、プログラミング的思考の育成を目指し、プログラミングを体験することが探究的な学習の過程に適切に位置付くようにしなければならない。そこで、(1) ロボットのプログラミング

を通して、どのようなプログラムが、どのような順番で実行されているのかを理解すること、(2) 社会・家庭で使用している機器では、どのようなプログラムがどのような順番で実行されているのか、プログラミングに対する興味関心が日常へ広がることを1時限目の主な狙いとして設定した。また、動作とプログラムは1対1対応ではなく、1つの動作は多様なプログラムで表現することができる。そこで、プログラムの多様性について児童たちが探究することを2時限目の主な狙いとした。

1時限目：
- 協力しながらロボットのプログラムの組み合わせ方を考える
- ロボットやコンピュータはプログラミングした通りに動作することを理解する
- プログラムは社会・家庭で使用している機器の中にあることを理解する

2時限目：
- プログラミングを体験し、プログラミングに対する興味関心を喚起する
- 動作を表現する方法は多様であり、1つだけではないことに気付く
- 協力し合いながらプログラムを作る

[プログラミングの活用形態]

1時限目：プログラミングを身近に感じる・アンプラグドで体験してみる

　初めてプログラミングに触れる回だったので、プログラミングに親しんでもらうことを優先した。人間がロボットを演じていると分かっていても、命令した通りに動作するので、ロボットがおかしな動作をしたときは笑いが起きており、「難しそう」というイメージは崩せた印象を受けた。

　また、プログラムは変更可能であることを児童が理解できるようするために、ロボットのプログラミングカードの並び替えを本授業の主な課題として位置付けた。

2時限目：プログラミングで試行錯誤する

　総合的な学習の時間では「探究」につながることが求められているため、授業の後半では自由にプログラミングで試行錯誤できる時間を設けた。「なるほどなぁ、こうなるのか。」「あれ、動かない。なんでだろう？」など、児童たちが試行錯誤する様子が実際に伺えた。

　また、探究は1人ではなく、友達同士で教え合いながら探究できるようにした。面白い動作を見つけると「ちょっと来て！見てこれ！」と、近くにいる友達を呼んで、新たに発見したプログラムを共有する場面が何度も起きていた。

3.2 学習計画（授業の流れ・実践の手順）

3.2.1 配分時間と詳細

1時限目：（時間割は後述）

導入：日常生活で使用している機器を挙げてもらい、機器がうまく動作しているのはなぜなのか考えてもらう。プログラムとは、「どのように動いてほしい

高学年 | 5年生 | 総合

のか」をまとめた説明書であり、プログラミングとは、どのように動いてほしいのかを論理的に記述することであると説明。具体的な説明をするためにロボットに登場してもらい、「展開」につなげる。

展開：ロボットを登場させて、うまく動作しない様子を見せる（図3）。ロボットの動作は、「ダーツ投げ」、「スイカ割り」、「スタンプ」の3種類。ロボットがうまく動かない様子を見せた後、プログラミングカード（表1）を黒板上に並べて、うまく動作しない原因はロボットに与えられたプログラムであることを発見させる。プログラミングカードを児童たちに渡し、プログラムの修正を依頼する。児童たち（4名1組のグループ）は各動作のカードを並べ替えて、修正したプログラムを使ってロボットを動作させる。

まとめ：プログラミングとは何か、どのような機器がプログラミングされていると思うか考えてもらい、身の回りにある多くの機器がプログラミングされていることに気付くようにする。

図3●あえてうまく動かない様子を見せる

2時限目：（時間割は後述）
導入：1時限目に学んだことを振り返る。
展開：教員用のパソコン画面をプロジェクタで提示し、Scratchの操作方法を説明した後、「ネコから逃げるネズミ」のプログラミングを作成させる。「追いかけてくるネコ」のプログラムと、「ネコがネズミに当たったらゲームオーバーになる（全ての動作を止める）」プログラムのみ児童に提供し、「ネズミを操作する」プログラムは自由に作らせる。友達と相談しながら作成してもよいと伝える。
まとめ：どのようなプログラムを作成したのか、児童が作成したプログラムを発表してもらう。

1時限目：ロボットのプログラミングを直してみよう

段階	学習内容（・児童の反応）	指導の留意事項
導入 5分	【日常的に使っている機器】 社会・家庭が使っている機器を尋ねる。 ・掃除機　・ゲーム機　・テレビ ・パソコン　・ロボット なぜうまく動いてくれるのか、動作する理由を考える。	家庭内だけでなく、日常で見かける機械を想起させる。 例えば、信号機、自動ドア、自動改札機、エレベータなど。
展開1 15分	【ロボットの登場】 上記の機器に共通していることはプログラムであることを伝え、プログラムとは何かを視覚的・体験的に理解してもらうために、ロボットを登場させる。	「プログラム」は、行動の「説明書」「命令文」であるなど、児童たちに分かりやすい表現や図を用いて説明する。
	【誤作動するロボット】 ロボットにプログラムしている3つの動作を実演し、ロボットがうまく動作しない様子を見せた後、なぜうまく動作しないのかを考えさせる。 （1）ダーツ投げ （2）スイカ割り （3）スタンプ ・プログラムの並びが違っている（表1を参照）	ロボットを動作させる前に、プログラミングカード（表1）を黒板上に並べる。 上から順番に動作を1つずつ児童に読み上げてもらい、読み上げられた動作に従ってロボットを動作させる（図4）。
展開2 10分	【再プログラミング】 うまく動作しないロボットを見た後、プログラミングカードをどのように並べ替えたらよいのか、グループ内で考えてもらう（図5）。	プログラムの修正ができたら、うまく動作するかどうか、グループ内で確認をさせる。

図4●読み上げた動作に従ってロボットを動かす

図5●うまく動作しない理由をグループで検討する

段階	学習内容（・児童の反応）	指導の留意事項
展開3 10分	【発表】 並び替えたプログラミングカードを黒板上に貼ってもらう（図6）。 うまく動作するのか確認するためにロボットが実演して検証する（図7）。	上から順番に動作を1つずつ児童に読み上げてもらい、読み上げられた動作に従ってロボットに実演させる。
まとめ 5分	授業の冒頭で挙げてもらった機器がなぜうまく動作しているのか、理由について振り返る。	【評価】 プログラム・プログラミングとは何かを理解したか。導入で挙げられた機器以外の機器を挙げることができたか。

図6●並び替えたプログラミングカードを黒板に貼る

図7●並び替えた動作をロボットで確認する

2時限目：ゲームをプログラミングしてみよう

段階	学習内容（・児童の反応）	指導の留意事項
導入1 3分	【1時限目の振り返り】 ロボットがうまく動作している理由は何だったのか、1時限目で学んだことについて振り返る。	【準備】 1時限目が終了した後、休憩時間中にパソコン室へ移動する。パソコンを起動させ、すぐにScratchが使える状態にしておく。
導入2 2分	【ゲームをプログラミングしよう】 児童に人気のあるビデオゲームを紹介し、テレビゲームもプログラムされていることを伝える。 Scratchで作成したゲームを紹介し、Scratchの画面の「中を見る」ボタンを押してプログラムされている内容を見せる。	作り込まれたゲームではなく、簡易なプログラムで組まれたゲームを紹介する（児童が「これなら作れそう」と思えるプログラム）。 すぐにプログラムを見せるのではなく、どのような動作をするのか見せた後でプログラムを見せる。
展開1 5分	【作成：ネコを歩かせる】 Scratchの「イベント」「動く」「制御」の3つを使って、ネコが歩き続ける（端に当たったら跳ね返る）プログラムを一緒に作る。	プロジェクタに教員のパソコン画面を映し、各ブロックの並べ方を模倣してもらう。
展開2 30分	【作成：ネコから逃げるネズミ】 教師が事前に作成したScratchのファイルを各児童のパソコンに配布する。 ネズミのスクリプトだけが何もない状態になっており、どのようなプログラムを作ればネコから逃げ続けることができるか考える。	【事前に作成したプログラム】 （1）スタートを押したらネコが動き続ける。 （2）ネコがネズミに触れたら「ゲームオーバー」の画面に切り替わる。 【試行錯誤をさせる】 利用するカテゴリーは「イベント」「動き」「制御」の3つ。 作り方を一方的に教えるのではなく、自由に試行錯誤できる時間を設ける。動き方を発見したら、児童たち同士で教え合うように促す。
まとめ 5分	どのようなプログラムを作ったのか、児童たちが作成したプログラムを紹介する。	【プログラムの多様性】 動作を表現するプログラムは1つだけではないことを知ってもらう。

3.3 指導のポイント（教科単元として／プログラミングとして／児童生活への波及として）

[教科単元として]

　プログラミングを教科の中で用いる前提条件として、(1) 児童がプログラミングの概念を知っていること、(2) ある程度プログラミングができることを満たしておく必要がある。そこで、総合的な学習の時間を用いて、本授業を「プログラミングを学ぶための第1歩目」として位置付ける指導案を作成した。初回で興味関心が引きつけられなかった場合、他教科でプログラミングを用いる今後の授業に影響を及ぼすと思われるため、プログラミングに対して興味関心が持てる授業となるように配慮した。また、身近な機器に対しても関心を向けたり（1限目）、1つの動作はさまざまなプログラミングで表現できる（2限目）など、プログラミングの観点から日常を捉えて自発的な探究ができる授業となるように配慮した。

[プログラミングとして]

> 監修者から：アンプラグドとコンピュータを用いたプログラミングの関係が興味深いです。

　アンプラグドなプログラミングは低学年の児童でも理解しやすく、高学年の児童を対象にしたプログラミング教育の導入にも利用できるため、応用範囲は広い。「プログラミング」と聞いて、児童たちは「難しそう」「できない」と思う傾向が高かったため、「楽しそう！」「面白そう！」と思える体験・経験を先に提供したいと考え、アンプラグドなプログラミングの授業を導入として行った。ただし、コンピュータを使わない「アンプラグド」なプログラミング教育だけではプログラミングを体験したことにはならない。また、アンプラグドなプログラミングで得た経験や体験があれば、パソコンを用いたプログラミングの授業の理解が促進されると考えた。

　そこで、2時限目にパソコンを用いてプログラミングを行う時間を設けた。実際、1限目が終了した後、「楽しみ！」「プログラミングしてみたい！」など、積極的な姿勢の声がたくさん上がっただけでなく、児童たちが急いでパソコン室へ向かっていたことから、アンプラグドなプログラミングは導入として効果的である印象を受けた。

　2時限目では、試行錯誤しながらプログラミングを探究する機会が減らない指導を目指した。例えば、ネコを操作するプログラミングが困難な児童がいた場合には、作り方を教えるのではなく、Scratchのサイトを紹介したり、プログラムのヒントが書かれたカードを見せたりするなど、「答えは教えないけれど、答えを児童が試行錯誤の中から見つけ出せる支援」となるように配慮した。

[児童生活への波及として]

　日常生活で見かける機器やゲームがどのようなプログラムで動いているのか関心を示したり、Scratchで作成を試みることが期待できる。

3.4 評価のポイント（学習態度／単元の理解／プログラミングの理解）

1時限目
- プログラミングカードの並べ方を積極的に考えている
- ロボットはプログラミングした通りに動作することを理解し、並べ終えた後、どのような動作になるかグループ内で検証している
- ゲームや洗濯機などの機器はプログラミングされていることを理解している

2時限目
- 積極的に自キャラクターの動作をプログラミングしている
- どのような動き方になるのか、プログラミングで試行錯誤している
- 協力したり教え合ったりしながらプログラミングしている

4 ［振り返り（フィードバック）］

4.1 児童の振り返り

授業前・授業後にプログラミングのイメージについて尋ねた。授業前では19名中13名がプログラミングに対して困難さや懸念を示す記述をしていた（「難しそう」「混乱しそう」「分かりにくそう」など）。しかし、授業後では19名中17名が肯定的・受容的な記述をしていた（「楽しく作ることができる」「工夫次第で何でも作れると思う」「プログラミングはとても面白い」など）（図8）。

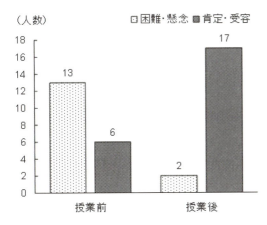

図8●児童たちのプログラミングに対する印象

困難的・懸念的な記述をしていた児童と肯定的・受容的な記述をしていた児童の比率が授業前・後で異なるのか調べるために独立性の検定を行ったところ、比率の違いは有意だった（$\chi^2(1) = 11.0$, $\phi = .54$, $p < .01$）。本授業は、プログラミングに対する困難感・懸念感を減少させ、肯定的・受容的なイメージに変化させたことを示唆した。

4.2 先生の振り返り

　プログラミングを各教科で扱う前に、「プログラミングの概念を理解する時間」、「プログラミングと日常生活のつながりを理解する時間」、「プログラミングに慣れる時間」を設ける必要があると考え、プログラミング教育の「導入」として授業を行った。

　1時限目のロボットが誤作動する様子は大人が見ても面白く、教室中に笑い声が響いた。本授業ではロボットを用いてプログラムを修正したが、身近な機器（例えば、洗濯機や掃除機やゲームキャラクターなど）を用いると、児童たちの理解や関心がさらに深まるのではないかと考える。また、今回はプログラミングカードを事前に用意したが、どのような動作が必要なのか、児童たちからアイデアを引き出してからプログラミングカードを作り、ロボットに実演させるという方法も良いと思う。

　2時限目では、Scratchの操作を簡単に説明した後、自由にプログラミングできる時間を設けた。「マウスのポインターへ行く」を使ってすぐに完成させる児童もいるので、「矢印キー」で操作するプログラミングや対戦プレイができるプログラミングの提案など、早く達成できた児童たちのために、次の挑戦課題をいくつか用意しておくと児童たちの充実感を高めることができるだろう。

　プログラミング教育の初回の授業では、先生をサポートする人が1人以上は必要であると感じた。特に、プログラミングに初めて触れる児童は操作方法が分からなくなって手を挙げることが多く、個別に対応していると授業時間が不足する可能性がある。今回の授業では、先生役1名に対してサポート役が4名だったことや、大学生がScratchの操作に慣れていたことがスムーズな授業進行につながったのではないかと考える。

　授業全体を通して、児童たちが最も楽しそうにしていた時間は、プログラミングで試行錯誤する時間だった。実際、教えていない機能を使って新しい動き方を見つけると世紀の大発見をしたかのように喜び、興奮気味に友達を呼んでその大発見を共有した。1から全てを教え込まなくても児童たちは楽しみながら自発的に試行錯誤を繰り返す。例えば、図9に示す児童は動作が異なるネコをたくさん作り、ゲームの難易度を上げてプログラミングを楽しんでいた。児童の自由に任せるとまとまりがなくなるのではないかと不安になるが、実際は、児童たちが自発的に協力し合って、探究的にプログラミングに没頭していくので、自由にプログラミングできる時間はぜひ設けてほしい。

　授業時間内に作成できなかった児童や、プログラミングの継続を希望する児童がいると予想されたので、沙美小学校の先生方がパソコン室内の全パソコンにScratch 2.0 オフラインエディターをインストールしてくれた。オフラインエディターであれば、インターネットに接続されないので、安心してツールの1つとして利用できる。授業後も利用可能にしてくれたおかげで授業時間内に完成させなければいけないという制限もなくなり、授業後でも希望する児童がいればプログラミングができる環境を用意することができた。

監修者から：Scratchのブロックの1つ。スプライトがマウスの矢印の位置に瞬時に移動します。

先生による補足：「まとめ」で児童たちが紹介するプログラムの多様性も高まると思います。

図9●自発的に試行錯誤する様子

4.3 校長から一言

　当時、倉敷市ではまだ取組が進んでおらず、多くの教員が遠い先のこととして様子見の状態であったところへ、岡山大学の岡崎先生から今回のお話をいただきました。本校の児童がプログラミングできるようになるのだろうかという不安はありましたが、最新のプログラミング教育の実践にふれることができるという期待と喜びでお受けしました。事前に、岡崎先生から本校教職員にプログラミング教育について説明をしていただいたり、授業実践に向けて打ち合わせをしていただいたりする中、担任を含め多くの教員がプログラミング教育とは何かについて、知識と理解を深めていくことができました。そして、授業実践では市内の学校に参観を呼びかけたところ、多くの教員、教育委員会、関係業者が参観することとなり、パソコン教室は人で一杯になりました。まさに今多くの教育関係者が切望している研究なのだとつくづく思いました。

　授業では、大学生による楽しく分かりやすい展開で、児童たちはどんどんプログラムを作っていくことができました。児童たちは、楽しみながらプログラミング的思考を体感し、また、世の中のシステムの多くがプログラミングされており、それらを作っているのは人なのだということを実感できたように思います。このような貴重な体験をさせていただきまして、岡山大学大学院教育学研究科の岡崎善弘先生には感謝の気持ちでいっぱいです。この経験を今後の取組に生かしていきたいと思います。

アベ先生の視点

非常に効果的なアンプラグドの使い方だと思います。導入に具体物を使うのは、児童の日常の生活から乖離しないという意味でも有効で、身の回りにある家電品などプログラムを使った便利な道具の理解につながっていくという流れもよいと思います。対話的な場面、考察する場面もうまく埋め込まれています。

この授業では、ロボット役の衣装に工夫があり、中に入っているのも大学生ですが、こうすることで、プログラミングカードの通りに確実に動いて見せることができます。ロボット役を児童にした場合、カードの命令ではなく、人間的にその意図を汲んで動いてしまい、プログラミングしている意味がなくなってしまうことがあります。しかし、この方法であれば、それを回避できます。その一方で、人間とコンピュータとの違いに気付くという観点では、児童にロボット役をやってもらうことにも意味があります。コンピュータでのプログラミングに入る際も、いきなりゲーム作りを行うのではなく、ロボットと命令カードで行ったのと同じ例題を用意すると、より違いに気付きやすくなるかもしれません。

また、この事例では、事前・事後のアンケート調査を行うことで、定量的に効果を測定しています。一校だけの事例なので、断定的なことは言えませんが、リアルとバーチャルの両方を体験することで、プログラミングの導入がしやすくなり、理解も深まったケースとして興味深いと思います。

高学年 | 6年生 | 算数

起こり得る場合の数を調べよう

学年	小学校6年生（参加人数：26名）
教科	算数
単元	起こり得る場合の数
授業時間	8時限目（全8時限）
授業形態	個別
担当	世田谷区立東玉川小学校　荒川信行先生
Why!?プログラミング利用回	「No.12 おかしなラーメン店を直せ」

先生による補足：この単元の発展あるいは復習として実施することを想定しています。以下に示したように、今回は復習として実施しました。

先生による補足：2学期の学習の復習として実施しました。

1 ［授業の概要］

- 「場合の数」の発展としてプログラミングを活用した。
- 人による樹形図だけでは難しい莫大な組み合わせを処理することで、コンピュータとプログラムの良さへの気付きを引き出せている。
- 『Why!?プログラミング』を適宜一時停止して段階的、かつ対話的に学ぶことで、自発的な気付きを促している。

2 ［前提条件と準備］

2.1 環境

2.1.1 機材について

電子ディスプレイ（ビデオ視聴用、図1）、掲示物（重要項目とスクリプトの提示用）

図1●授業風景

先生による補足：ただし、今回の授業ではイントラネットのみ利用しました。

2.1.2 ネットについて

インターネット接続あり（無線）

先生による補足：無線LANに接続しています。

2.1.3 端末について

ノートパソコン（Windows搭載、10.5インチ・タッチパネルディスプレイ、マウス、タッチペン）

2.1.4 ソフトウェアについて

Scratch 2.0 オフラインエディター、画面キャプチャーツール（スクリプト記録・表示用）、ノートツール（記録・表示用）、カメラ（ワークシート記録用）などの学習支援ツール

2.2 習熟度

2.2.1 学校情報機器の利用頻度と一般的操作習熟度
月に数回程度タブレットパソコンを操作しており、一般的な操作には習熟している。

2.2.2 児童のプログラミング習熟（全体レベルと個々人の差）
プログラミングの授業でScratchタイプのビジュアルプログラミング（Studuinoブロックプログラミング環境）を全員が経験している。しかし、個人差は大きく、家庭でもスクリプトを書いているものもいるが、学校だけでしかプログラミングをしない児童も多い。

2.2.3 先生のプログラミング習熟
プログラミング教育に取り組んで4か月。日常的にJavaScript、Excel VBAで教材などを開発している。

2.2.4 先生以外の支援体制
担任の先生のみ。

2.3 準備

2.3.1 指導案・提示教材・資料等
事前アンケート、指導案、提示教材、ワークシート、事後テストを作成。

2.3.2 サンプルプログラム
共有フォルダにコピー。

3 [授業内容と指導案]

3.1 単元の狙い／単元計画／プログラミングの活用形態／

単元の学習終了後の発展課題、または、学期末・年度末などの復習課題として実施。

プログラミングでは、リスト（配列）の活用について学習。

3.2 学習計画（授業の流れ・実践の手順）

3.2.1 配分時間と詳細
実施するに当たって、児童のパソコンは全て教師用パソコンに接続し、全児童の画面を共有しておく。次ページに実際の授業のやりとりの概要を示す。

Studuinoブロックプログラミング環境：アーテックが開発した教育ロボット向けマイコン基板の「Studuino」用に、Scratch 1.4をベースとして、ロボット制御用にカスタマイズしたプログラミング環境。
https://www.artec-kk.co.jp/studuino/ja/

配列：変数の一種で、複数の文字や数字を、順番の番号を付けて並べたもの。

高学年 | 6年生 | 算数

図2● 「おかしなラーメン店を直せ」の冒頭を見る

図3● 番組を見てどんぶりとスープの組み合わせを考える

図4● ワークシートに考えたことを記入する

1）メニューの組み合わせを考える。（10分）：以下、Tは先生、Cは児童を表す。

T テレビを見ながらプログラミングの学習をします。早速スタート！
【番組を視聴する：00：00～01：24、図2】

T パンダ店長はアイデアマンで、800種類のラーメンが出せる方法を考え出しました。どんぶりは何種類でしたか？（図3）

C どんぶりは、黒、青、ピンク、レインボー、赤の5種類です。

T スープは何種類ですか？

C スープは4種類です。

T では、どんぶりとスープの組み合わせを、もれなく全てで何通りになるか、表を作って考えてみましょう。
【ワークシート1を配布し、考えたことを記入する、図4】

T できた人は、シートをカメラで撮ってパソコンに表示してください。

T それでは、考えを発表してもらいましょう。

C どんぶりが黒だとして、4つのスープとの組み合わせを表にします。

どんぶり	スープ
黒	みそ
黒	とんこつ
黒	げきから
黒	しょうゆ

T 図を使って考えた人もいますね。

C はい、次の通りです。

黒のどんぶりでは、4種類です。

T では、他の色のどんぶりでは、何種類になりますか？

C どの色のどんぶりでも、4種類ずつになります。

T どんぶりとスープの組み合わせは全部でいくつになりますか？

C どんぶりは5種類で、スープがそれぞれに4種類なるので、5×4＝20で、20通りです（図5）。

C 麺が8種類、トッピングが5種類なので、それらを含めた全種類は、5×4×8×5＝800です。

C そんなに食べられないよ。

T 800種類なんて、メニューの中から選ぶのもたいへん。こんなにたくさん種類があっても、ボタンを押して簡単に注文できるのは、何が働いているからでしょう？

C プログラムです。

T 注文する機械の中でプログラムが働いているのですね。

図5● 児童が考えた20通りの組み合わせ

さて、こんなにいいアイデアなのに、どうもうまくいかないようです。

2）思い通りに動かないところを見つける。（10分）
テレビの続きを見てみましょう。
【番組を視聴する：01：24～02：30、図6、図7】

図6●「おかしなラーメン店を直せ」の冒頭を見る

T　どんな問題が起きていましたか。
C　注文の番号を入れても出てきません。
T　実際にプログラムを試してみましょう。どんぶりにはどんな間違いがあるかな？
　　クラスのみんなで協力して調べられたらいいね。

図7●課題を知るために番組を視聴

C　どんぶりの色は受け持ちを決めて、5人で試してみれば分かるね。
C　スープは4人、めんの種類は8人で確かめられるよ。
【Scratchでサンプルファイルを開いて操作する（図8）。できるだけ全員で確かめられるようにしながら、短時間で調べられるように板書などを工夫する】

3）リストについて学ぶ。（10分）
T　やっぱり、プログラムにおかしいところがありますね。
　　問題はどこにあるのか、テレビの続きを見てみましょう。
【番組を視聴する：02：30～06：16、図9】

図8●Scratchで確認する

T　何が問題になっていましたか？
C　リストです。
T　メニューとリストを並べてみますね。
【それぞれのメニューとリストを比べられるよう黒板に大型掲示】
T　これを見るとメニューの番号とリストの番号が一致していませんね。
【ワークシート2を配布する】

図9●番組を見た後、問題を確認

4）プログラミングを修正する。（10分）
T　正しくリストができるようにプログラミングを直しましょう。
【まず、ワークシート上でリストを修正する個所を明らかにし、その後、Scratchの操作方法を大型掲示により指導し、児童は1人でプログラムを修正する（図10）。机間指導で個別の支援をしたり、児童の学び合いを促したりする。修正が終わったら、正しく動作するか確認する】

図10●児童はワークシートで確認してから、プログラムを修正する

5）振り返り（5分）
T　みなさんのおかげで正しく選べるようになりました。これで800種類のメニューを間違うことなく選べますね。
【この後、本時の学習内容について振り返りを書いたり、発表したりする】
【さらに発展課題として、次時に新しいスペシャルメニューを追加することもできるとよい。コスチュームを追加し、メニューとリストを変更して、オリジナルメニューを準備する。番組を視聴する：06：16～08：54】

監修者から：授業中の課題をあらかた終えてしまって、応用的なところまで到達した児童はどのくらいいたでしょうか？
先生による回答：今回の授業では、人数は把握していませんが、それほどいなかったと思います。それほどスキルのある児童がいなかったためです。

高学年 | 6年生 | 算数

3.3 指導のポイント（教科単元として／プログラミングとして／児童生活への波及として）

教科単元として

　番組では、組み合わせについて学習する場面はないので、単元学習の中で取り上げるには工夫が必要である。教科書の内容を児童がプログラミングしてみたり、教師が教材用に作成したスクリプトを追加・修正したりして、具体物で考えたり、表や図を作成することもできるであろう（図11）。そのような活動を通して、見通しを持ち理解を深めることができると考える。

図11●スクリプトを示した提示物などを作成して理解を促した

プログラミングとして

　今回の選択したメニューが出てこないことを確かめて、不具合のあるところを見つける活動は、いわゆるデバッグと称されるプログラミングにおける問題発見の手段である。狙い通りにプログラミングができたのか、あらゆる組み合わせを検証するデバッグが必要である。場合によっては、根気のいる作業であり、不具合を発見した際に、その原因がどこにあるのかを見つけることは、さらに難しくなることもある。

　プログラミングは、試行ないしデバッグによって完結するが、ロボットプログラミングでは、ロボットの動きを見てデバッグできるのに対し、今回のようなデータの比較、参照などの処理をするプログラミングでは、データ処理の論理的思考を使ってデバッグする必要がある。本時の授業に限らず、本時の授業以前から、プログラミングにおけるデバッグの意義や重要性、プログラミングにおける論理的思考力を意識した授業創りをしたいきたい。

　使用した番組では、あらかじめ用意したメニューデータを「リスト」に設定し、入力された番号からデータを呼び出す処理を取り上げている。このように、プログラミングの中にデータを設定する方法として「変数」や「リスト」がある。これらの活用には文字式や条件分岐の理解も必要になることが多い。本時の授業については、これまでに「変数」や「リスト」を参照するプログラムに触れた経験がないと理解が難しいので、この学習を実施するまでに学習しておくことが望ましい。しかし、それができてなかった場合、または、児童の理解が十分ではないと思われる場合は、プログラミングの機能として説明して、正しく動作するためのノウハウとして理解させることもできると考える。その場合でも、やがて「変数」や「リスト」を使った論理的思考を育むことができるように指導を計画したい。

児童生活への波及として

　発展として新メニューを作成すれば、思いもよらないラーメンのメニューができて楽しい。種類が1種類増えるだけで、簡単に1000を越えるメニューができることになり、どんなメニューができるのか、友達と共有するとよいであろう。また、カウンターを設けて、人気メニューランキングを調べる機能を付加すると、内容ごとに人気のあるものが分かる。それを応用すれば、アンケート

調査などにも利用でき、児童自らでプログラミングを生活に生かすことができると思われる。

3.4 評価のポイント
（学習態度／単元の理解／プログラミングの理解）

- 学習態度：データの並び順とデータ間の関係に興味を持ち、進んで活動していたか。
- 単元の理解：起こり得る場合の数を落ちなく重なりなく調べる方法を考えたか。
- プログラミングの理：リストに入力したデータは、順番の番号で呼び出せることを理解したか。

4 ［振り返り（フィードバック）］

4.1 児童の振り返り

以下、児童の声を具体的に紹介する。

- 組み合わせがいくつあるのかを考えるのは、そんなに難しくなくできました。前に習ったことを思い出しました。
- 表や図を描いたので、理解できました。
- リストというものが関係していて、それを直したらうまくできました。
- プログラミングを直したらうまくできてよかったです。

4.2 先生の振り返り

　1時限で、組み合わせの学習とプログラミングの学習をバランスよく学べるようにしたいと考えた。組み合わせの学習については、表や図を進んで書いている児童がほとんどで、算数が苦手と感じる児童にとっても、よい復習になった。プログラミングについてはデバッグという形式をとったが、「リスト」を指導したいがために時間配分が難しかった。処理の方法は、大型掲示物などを工夫して説明したので、それらに従って取り組むことができた。ただ、プログラミング環境の操作方法を理解するということと、プログラミングの論理を理解するという2つのことを同時に達成するのは、プログラミング教育をスタートしたばかりの現状では、難しいと感じている。教科学習での論理的思考力の育成とプログラミング教育での論理的思考力育成を合理的に計画的に可能とするカリキュラムデザインを検討していきたい。

　例えば、外国語活動の中に「パフェづくり」というのがあって、フルーツやアイスクリームを選んでパフェを注文する。英語活動としては、フルーツやアイスクリームの名前を発音することが重要であるが、これを本時の学習の前の

> 監修者から：うまく動かないプログラムをデバッグする筋書きはなかなか難しく、児童が何を手がかりに「正しく」動作するように修正を加えるのか、は教師からのヒントの出し方や熟達児童がクラス内にどの程度いるのかによっても対応が変わるように思います。

> 監修者から：配列は変数のあとに登場するのが普通で、必ずしも初心者向けの内容とはいえないのですが、変数を飛ばして配列を導入する方法として、どんぶりやめん種類の表・リスト・プログラムを並べ、対応関係を示したのが分かりやすかったと思います。

> 監修者による質問：児童全体のうちどの程度が想定時間内に解決できたでしょうか？
> 先生による回答：操作方法にとまどう児童が3割ほどいましたが、児童同士の教え合いで解決できていました。

どこかで「プログラミングしてみよう」として2×3種類のメニューでプログラミングしてみてはどうだろう。活動の前提となる体験は英語活動で実施していて、「変数」や「リスト」の使い方・考え方をプログラミング教育で実施する。そして、本時の授業に接続することで、論理的思考によるデバッグ中心の授業ができるのではないだろうか。

発展的な活動として、多くのデータから最大値や最小値を見つけたり、平均を求めたりするために「変数」や「リスト」使ってプログラミングできる。基本的なアルゴリズムを理解すれば、データの数に関係なく5個でも、5000個でも同じように処理できる。こうしたプログラミングの良さにつながるように、「変数」や「リスト」を用いたプログラミングを継続して取り組むことが必要だと思った。

4.3 校長から一言

児童は、Scratchベースのプログラミング言語に慣れていたため、Scratchでのプログラミングには、抵抗なく取り組めていた。また、複雑なプログラミングを一から組み上げるのではなく、デバッグで課題解決することから、児童は、各自で進んで取り組めていた。しかし、積み上げが十分ではなく、これまでのプログラミングよりかなり複雑なプログラムになっていたことと、今まで使ったことのないブロックを使用することで戸惑いもあったようである。全体で1つの課題を解決してから、残りの課題を各自で取り組むという流れが必要であったと思う。今回は、算数の組み合わせの発展という形で取り上げてきたが、単元の中にどのように組み込んでいくかは、さらに工夫が必要であろう。

アベ先生の視点

既習である場合の数から、その発展としてのプログラミングにつなげたところが興味深いです。これにより、人が書く樹形図だけでは難しい莫大な組み合わせを処理できるコンピュータとプログラムの良さへの気付きを引き出せています。さらなる発展として、どのようなプログラムを書けば、それが調べられるかまで進む方向もあったかもしれませんが、少し高度すぎるかもしれません。

一方、今回の授業で取り上げたデバッグもプログラミングを行う上で、とても重要な考え方です。今回は、実際のコンピュータ上でデバッグを経験したことに価値があります。プログラムには唯一の正解がないと言われますが、これは正解がないという意味ではありません。正しい結果にならなければ、それは間違いです。正しい結果が求まった先に、それぞれの複数の解法の違い（高速であるとか、分かりやすいとか）を考えることが深い学びにつながります。そこで、条件を変えて何度でも即座に試せるコンピュータを使う意味があります。コンピュータを使わないアンプラグドでは、人手で確認することになるので、正誤の検証が難しく、試行錯誤の回数も増やしにくくなります。

> **Column**
>
> ### 「創造的な学び」とは —— 消費者から知的生産者へ
>
> 例えば、児童たちは一般にゲームが大好きですが、市販のゲームで遊ぶのと、自らゲームそのものを創り出すのとでは、思考の次元が大きく異なります。消費的なゲームは、児童に解くべき課題を次々与えてくれますが、児童自らゲームを作ろうとすれば、描いたアイデアを形にするために、何度も工夫と失敗を繰り返し、満足がいくまで作り込む経験を通じて、自由な創造活動のノウハウを貪欲に蓄積します。Scratchを用いたプログラミングは、娯楽（エンタテイメント）の単なる消費者から、知的生産者への成長のきっかけや足掛かりを与えてくれます。

> **Column**
>
> ### 「創造的な学び」と「主体的・対話的で深い学び」の関係
>
> 「遊びながら、作りながら学ぶ」に基づいたプログラミング学習では、主体的な学び、対話的な学び、あるいは、創造的な学びが（教科学習であっても）自然に起こりやすいとされています。これは多くの実践例からも観察できることです。
>
> 本書で紹介した実践では、合科的・総合的な学びのケースがありますし、当該学年では習っていない事柄を発展的に取り扱う実践も見られます。ただし、児童の「深い学び」につなげるには、年間2、3回程度でのプログラミング体験では難しいかもしれません。解決策としては、学習指導要領に述べられた事柄を「ミニマム・スタンダード」として捉え、じっくり「主体的・対話的で深い学び」を目指すような発展的カリキュラム・マネジメントが求められるでしょう。

高学年 6年生 理科

自分たちの節電プログラムを考えよう

学年	小学校6年生（参加人数：34人）
教科	理科
単元	電気の利用と性質
授業時間	8・9時限目（全10時限）
授業形態	個別／ペア／全体
担当	柏市立大津ヶ丘第一小学校　井上昇先生
Why!?プログラミング利用回	「No.13 スーパーロボット・ワンだふぉーを直せ」

先生による補足：分割視聴しました。1回目は、初めから〜59秒まで、2回目は、59秒〜6分28秒までです。

先生による補足：児童の思考の流れや目標を書かせるためにホワイトボードを使用しています。

いぬボード：いぬボードは、番組で紹介された「ワンだふぉー」と同じ機能を持つセンサーボード（ワンだふぉーについては、番組ページの「きょうざい」参照）。Scratchでプログラミングすることで、内蔵された光センサーの明るさに応じて、外付けのLEDを点けたり、消したりすることができる（他のセンサーや出力装置も接続可能）。パソコンとの接続にイヤホン端子とマイク端子を使うので、追加のハードやソフトを必要としない。ワンだふぉーは自分で部品を集めて組み立てる必要があるが、いぬボードは完成品なので、簡単な配線だけで、すぐに使うことができる。詳細はスイッチエデュケーションのサイトを参照。
https://switch-education.com/2017/07/31/inuboard_on_sale/

1 ［授業の概要］

- 新学習指導要領でもプログラミングを使った例として紹介されている「電気の性質とその利用」で活用した。
- 手軽な「いぬボード」を利用することで、バーチャル（画面の中）とリアル（電子工作）を組み合わせた学びを実現している。
- いぬボードのセンサーを利用するので、現実世界のセンサーの働きを理解しやすい。
- 電気と音のエネルギーを相互に変換できることにより、発展的な学びが可能である。

2 ［前提条件と準備］

2.1 環境

2.1.1 機材について

スクリーン（ビデオ視聴用）、プロジェクタ（スクリプト投影用）

2.1.2 ネットについて

教師用のみインターネット接続あり（有線）

2.1.3 端末について

タブレットパソコン（児童用でペアに1台、Windows 8搭載、11.6インチディスプレイ）

デスクトップパソコン（教師用）

ホワイトボード（ペア＝2人に1台）

いぬボード（ペアに1台）

2.1.4 ソフトウェアについて
Scratch 2.0 オフラインエディター

2.2 習熟度

2.2.1 学校情報機器の利用頻度と一般的操作習熟度
ICTを活用した授業を頻繁に実施（ほぼ毎時間）しているので、パソコンに対して抵抗感はなく、操作にも習熟している。また、タイピング検定みたいなものを校内で実施しており、パソコンでのキーボード入力にも抵抗感はない。

2.2.2 児童のプログラミング習熟（全体レベルと個々人の差）
6年生の4月に初めて授業で行った。1学期に3単元、2学期に1単元の授業を行ったので、基本的なプログラムの組み方などは理解している。本授業実施前にScratchを合計25時間操作している。算数の授業では、ケニスのmBotを利用した授業を2時間実施している。また、学級の8名がプログラミングクラブに所属していて、変数なども理解している。

2.2.3 先生のプログラミング習熟
昨年度よりScratchを使った授業を実施している。本学級以外でも実施している。ただし、すごく詳しいかというとそうではない。

2.2.4 先生以外の支援体制
担任以外にICT支援員1名。

2.3 準備

- 以下で示す指導案の作成
- 児童用のScratch 2.0 オフラインエディターの整備
- いぬボード配線についてのマニュアルと説明用資料（マイクロソフト パワーポイント、以下パワポ）の作成

2.3.1 指導案・提示教材・資料等
- 1時間かけて指導案を作成。
- マニュアルを各テーブル分用意（図1）。
- パワポでは、いぬボードの作り方、身近にある明るさセンサーで働くもの、プログラミングのヒント、発展として、他のセンサーについてまとめた資料を用意した（次ページを参照）。

ケニスのmBot：mBotは中国のMakeblock社が開発した組み立て式のロボット教材。ケニスは国内の販売会社の1つ。ライントレースセンサー、超音波センサーなどいくつかのセンサーを持ち、2つのDCモーターで走行する。パソコンからのプログラミングは、Scratch 2.0をベースにしたmBlockなどで行い、USBによる有線接続のほか、Bluetoothや無線LANを使った無線接続も可能。
http://store.makeblock.com/jp/product/mbot-robot-kit-sale/

先生による補足：理科室に無線環境がなかったためです。

図1●マニュアルと児童用タブレットパソコン（タブレット変形モデル）

パワボの資料例

2.3.2 サンプルプログラム

「No.13 スーパーロボット・ワンだふぉーを直せ」（以下番組）のサンプルプログラムを使用した。

サンプルプログラム

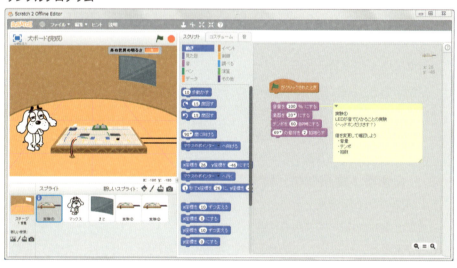

先生による補足：サンプルプログラムは、サーバーに保存しておき、無線環境のある教室でデスクトップパソコンに移動して使用しました。

3 ［授業内容と指導案］

3.1 単元の狙い／単元計画／プログラミングの活用形態／

・単元の狙い

　電気の蓄電の仕組みを理解し、そのエネルギーがさまざまなものに変換できることを知る。また、身の回りにあるさまざまなセンサーを理解し、そこに隠れているプログラムを理解する。

・単元計画

時	学習内容	◆評価
1・2	・電気の発電と蓄電について、手回し発電機とコンデンサで実験する。	◆手回し発電機での発電とその蓄電について理解することができる。 ＜関心意欲・実験＞ ◆手回し発電機やコンデンサで電気の性質を調べることができる。＜技能・実験＞
3・4	・扇風機や電子オルゴールの実験を通し、電気が他のものに変わることを知る。	◆ためた電気を、他のものに変換させることができる。　　　　　＜技能・実験＞ ◆電気型のエネルギーに変換できることを理解できる。　　　　　　＜思考＞
5・6	・コンデンサにためた電気を電熱線に流し、電流の大きさと熱量の関係を知る。	◆ためた電気を、熱に変換させることができる。　　　　　＜技能・実験＞ ◆電気が熱に変わることを理解する。 ＜思考＞
7	・電気が身の回りにあるさまざまなものに変わることを知る。	◆身の回りにあるもので電気が変換されているものを探している。 ＜関心意欲・ノート＞
8 本時	・いぬボードのセンサーを操作し、プログラムによって電気がさまざまなものに変わることを知る。 ・番組を視聴する。 ・いぬボードの働きをプログラミングする。	◆いぬボードのセンサーを操作し、さまざまなプログラムを組もうとしている。 ＜技能・実験＞
9 本時	・自分の節電方法を考える。 ・いぬボードのセンサーを利用し、自分たちの節電方法を考え、作る。 ・身の回りからセンサーの利用しているもので光センサー以外のものを考える。	◆センサーの働きについて理解することができる。　　　　　＜思考・ノート＞ ◆課題を自ら設定し、その目的や使う人を意識したプログラムをデザインして創り出そうとする態度を養う。 ＜学びに向かう力、人間関係・発表＞

・プログラミングの活用形態

　本単元では、ペア学習を基本としている。そのため、タブレットやホワイトボード、いぬボードはペア（2人）に1台としている。また、いぬボードの動きをプログラムする前に、ホワイトボードに自分たちがどのようなものを作りたいかプランをまとめ、そのために必要なものを考え、見通しを持たせてからプログラムを組んでいった。

高学年 | 6年生 | 理科

児童によるプランの例

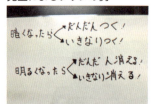

3.2 学習計画（授業の流れ・実践の手順）

・配分時間と詳細

課程	学習活動と内容	指導・支援　◆評価
① 3	1．前時までの振り返りを行う。 ・前時までの学習から電気が音や光になっていることを確認する。	・パソコンも電気で動いていることに触れる。 ・電源コードを外しても、蓄電されていることにも触れる。
15	2．電気が音や光になるかをScratchで試す。 ・「音符をX拍鳴らす」でパソコンからは音が出る。 ・いぬボードに接続するとLEDが点灯する。また、拍数の長さで音や光の時間が変わる。 　今回は、以下の拍数で実施する。 　①2拍で行う。 　②1000拍で行う。	・いぬボードを使う。 ・パワポを使って説明する。 ・USBポートから給電する前まで（いぬボードに給電して動作させる前まで）を作らせる（図2）。 ・いぬボードがUSBポートから給電されていることを確認する。
2	3．番組を視聴する（部分視聴：開始から59秒まで）。	
5	4．手動で点けたり、消したりするプログラムを作る。	・右向き矢印キーが押されたときには、明かりを点ける。 　左向き矢印キーが押されたときには、明かりを消す。 ・プログラム開始を伝える。 ・キー入力のイベントが複数配置できることを確認する。
3	5．番組を視聴する（部分視聴：59秒〜6分28秒まで）	
5	6．節電について考える。 ・学校の街灯の電気が暗くなると点くことについて、周りの明るさによってライトが点く仕組みに気付かせる。	・明るさのセンサーが働いていることに触れる。
10	7．明るさセンサーのプログラムを組む。	・いぬボードの音声出力からパソコンのマイク入力へ信号が流れていることに触れ、音と電気の関係を伝える。 ・いぬボードでは「周りの世界の明るさ＝マイク入力音量」で表わされることを伝える ・センサー部を暗くすることで、明るさの数値が変わることに気付かせる。
2		・ICT支援員はいぬボードが正常に動いているか確認する。

図2●給電するまでを組み立てる

先生による補足：「音符をX拍鳴らす」でパソコンからは音が出ます。いぬボードに接続するとLEDが点灯します。拍数の長さで音や光の時間が変わります。

先生による補足：児童によってはキー入力のイベントが1つしか置けないと思っているためです。

先生による補足：学校のトイレを例示した場合には、人感センサーの働きについて紹介します。

5	休憩	
②2	8. プログラムをデスクトップに保存する。 9. 本時のめあて ・明るさセンサーを利用した節電プログラムを作ろう（図3）。	
5	10. どのようなプログラムを作りたいか考える ・アンプラグドで考える。 ・暗くなったら電気を点ける。	・ホワイトボードにどのようなプログラムができるか考えさせる。
5	11. どのブロックを使うか説明する。	・パワポで説明する。
20	12. いぬボードを使いプログラムを組む。	・先生、ICT支援員ともに児童の支援に行く。 ・パワポの画面にヒントを掲示しておく。 ・終わった児童には、さらに工夫ができるか考えさせる。
5	13. どのようなコントロールをしたか発表する。	・どんなコントロールをして節電プログラムを組んだか発表する。 　ここで指名したいグループは、以下の通り。 　・暗くなったら電気を点ける。 　・暗くなったら数秒後に電気を点ける・消す、などを指名する。
5	14. 身の回りのセンサーについて触れる。 ・学校のトイレ（赤外線センサー） ・エアコン（人感センサー） ・車のブレーキ（超音波）	・身の回りのセンサーについて触れる。
3	15. 振り返りを書く。 ・今日学んだことをノートに書く。	◆電気を利用したプログラムが条件に応じて動いていることに気付くことができる。

図3●節電プログラムを作ることを説明する

3.3 指導のポイント（教科単元として／プログラミング学習として／児童生活への波及）

・教科単元として

　本単元は、現行の教科書の内容の発展的な部分として扱った。本時では節電プログラムを作ることを目的として、その作り方を知る際に、教科の狙いである、「電気がさまざまなものに変わることを知る」という内容と絡めた。そこで前時間までに理解した知識を基に、「どのような節電プログラムを作るか」「プログラムに必要な命令は何か」などを考えさせ、プログラムを組ませた。

　また、班のグループと意見を出し合いながら、試行錯誤を繰り返しながらプログラムを組ませるように指導を心がけた。試行錯誤の場面では、プログラムを組む前の話し合いやシンキングツールを使った話し合いなどで見通しを立てさせた。さらに、いぬボードの光センサーの感知のところを、失敗を恐れずに行わせた。

　また、本単元の学習を生活場面のどこで生かせるか考えることが重要であると考えた。特に、電気の蓄電能力や電気が光や音に変わる仕組みを理解できるようにするために、身の回りにある電気を使用し動いているものを調べる活動

> **監修者から**：どのようなシンキングツールを使いましたか？
> **先生からの回答**：フローチャートもどきを使いました。ホワイトボードを使った話し合いの方がよかったかなという気もします。

や身の回りにあるセンサーを知ることが重要であると考え、授業の中で重点的に扱うこととした。その際、「No.13 スーパーロボット・ワンだふぉーを直せ」の利用は、電気の経路や変換の仕組みやプログラムの組み方を視覚的に理解しやすいという利点を感じた。本番組では、電気が音や光に変換される流れやプログラムの組み方が映像になっていてどの児童にとっても理解がしやすいものとなっていた。

本時のプログラミング体験では、まず、自分たちが何を作りたいかアンプラグド的に考えていく。どの授業でも言えることだが、授業のゴールやプログラムの完成形イメージがあると児童がそこに向かって学習を進めていくことがやりやすいと考えたためだ。その際、シンキングツールを児童に使わせ、思考の活性化を促す。その後、Scratchでプログラミングを組ませる。

プログラミングがうまくいかずに、いぬボードの光センサーが感知しない、そして、ランプが点かない場面もある。その際、何回も繰り返しながら試行錯誤し考え直す。このように、いきなりプログラミングを行うのではなく、一度考え、整理して、自分たちの行いたいことを決めてからプログラムを組むようにするようにした。音とLEDの関係を理解できた児童は、音量の大きさによって明かりが点く、消えるなどというプログラムを組むことができていた。音量の変化で明るさに変化をつけたり、徐々に明かりが消えていったりするプログラムを組む児童もいた。

本学級でつまずきがあった点は、「ずっと」などのスクリプトを抜いてしまっていたことである。事前授業では、ヒントを出さずに行ったため、プログラムに関する考えを組むことはできていたが、どのスクリプトを使えばいいか分からないでいる児童が多くいた。

また、音が光に変換されているという点の理解が難しかった。そこで、本学級の授業では、事前に「このスクリプトを使います」というものはヒントカード的に、スライドの一部として掲示していた（図4）。音が光に変換されている点への理解に関しては、事前の蓄電に関するところでパソコンの例を出すようにしたり、音と光の関係を番組視聴の際に確認したりした。

図4●使うスクリプトを事前に説明

・プログラミング学習として

今回は、プログラミング学習としては、Scratchのみでなく、いぬボードも使用し、自分が組んだプログラムが、動き（光）となって働く姿を見ることができるので、児童の意欲が高まった。また、プログラムが動くことを実際に見ることができるので、光らなかった際に、どこかに原因があるかプログラムを見直すことにつながった。

これらの活動を組み合わせていくことが、物事を論理的に考え、試行錯誤するきっかけ作りに効果的であり、このような活用場面を多くしていくことを大切に指導した。

また、理科という教科がメインとなる活動なので、本時の目標である、「電気を利用したプログラムが条件に応じて動いていること気付くことができる」ということを解決できるようにした。その際、プログラムを組むことに手間取っ

てしまい、電気の利用と思考が分断されないように細心の注意を払って指導に当たった。そこで、今回は、児童が自然と電気がさまざまなものに変わっているというように考えられるように事前の授業を重点的に行うとともに、プログラムを組む際に、児童の能力差が出ないように、ヒント（パワポを使用、図5）を出す場面もあった。そのため、プログラムになじみのなかった児童もいぬボードの節電プログラムを組むことができ、発展的なプログラムを考えられる児童も多かった。

> 先生による補足：事前の授業では、プログラムを組むことに集中してしまい、タブレット内に保存された電気が音に変換され、光に変換され、光センサーが働いていることを理解できないまま授業が終わってしまったためです。

図5●ヒントの例

3.4 評価のポイント（学習態度／単元の理解／プログラミングの理解）

単元の評価

【関】
電気の性質とセンサーの関係を考え、節電プログラムを作ろうとしている。

【知・技】
さまざまなセンサーの役割を知り、センサーなどを使ったプログラムを作ることができる。

【学びに向かう力・人間関係・挑戦する】
複数の情報機器を、失敗を恐れず使って、それらを組み合わせて目的を達成しようとする態度を養う。

【学びに向かう力・人間関係・想像する】
課題を自ら設定し、その目的や使う人を意識したプログラムをデザインして創り出そうとする態度を養う。

本時の評価

A（十分）	・エネルギーの変換から、電気を音や光に変換することを理解し説明することができる。 ・自分の節電に対する考えを持ち、プログラムで表現することができる。 ・いぬボードとScratchで試行錯誤を繰り返しながら、それらを組み合わせ、進んで節電プログラムを作ろうとしている。
B（概ね）	・エネルギーの変換から、電気を音や光に変換することを理解できる。 ・自分の節電に対する考えを持ち、プログラムを組むことができる。 ・いぬボードとScratchで試行錯誤を繰り返しながら、それらを組み合わせ、進んで節電プログラムを作ろうとしている。
C（要努力） ※手立て	・プログラムを組むことができない児童へ、ヒントとなるプログラムの提示を行う。

4 ［振り返り（フィードバック）］

4.1 児童の振り返り

【児童の言葉から】
- プログラムを組むのが楽しかった。
- いぬボードに節電プログラムを組むことができてよかった。

・学校のトイレとか家の階段にはどんなセンサーが組まれているのか興味がわいた。

【振り返りのノートから】
・外の世界の明るさに応じて明るさを調節できることが知れた。私たちの身の回りにさまざまなセンサーがあるのではないかと思った。
・節電って大事だなって改めて思った。他のグループが暗くなるとだんだん電気が消えるという考え方をしていたのがすごいと思った。
・私たちの世界はいろいろなプログラムが組まれていることに感謝しなければならないと思った。
・プログラムは私たちがコントロールすることができる。

まず、プログラムを組むことが楽しかったと言っていた児童が多かったことが良かった。また、実生活では、こんなところでセンサーが使われているのではないかと考える児童が多くいた。これも、私たちの生活では一見当たり前のことをプログラムから考えることで、当たり前に使っているものの内部構造に興味を示すことにつながったのではないか。プログラムをなにげなく使っている側から、プログラムをコントロールする側への第一歩につながったのではないかと考えられる。

以下に児童が作った節電プログラムの例を示す。

児童の節電プログラム（その1）

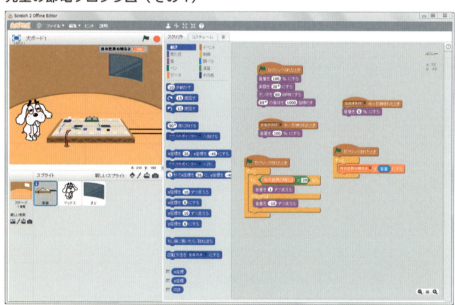

児童の節電プログラム（その２）

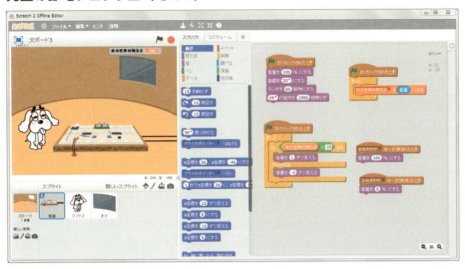

4.2 先生の振り返り

- 教科の中でのプログラミングということで、いぬボードを使ってセンサーの仕組みを理解し、プログラムを組ませながら、自分たちの節電方法を考えさせると同時に電気の性質について押さえなければならなかった。そのため、まずは教科の目標を第一に考えた。指導案を作る際も、教科の目標から離れ、プログラムを組むことやプログラムを理解させることに視点が行きがちになってしまっていたが、教科の目標を達成させる手段として、プログラミングやいぬボードを使用するというスタンスを大切にしたことがよかったのではないかと思う。

- 児童は、すでにScratchを使ったことはあったが、Scratchで外部の機器を動かすことには、あまり慣れていなかった。そのため、いぬボードをうまく作れるのかが心配だった。

　それでも、マニュアルと簡単な説明だけで、児童が進んでキットを完成させていた。2学級で実施したが、事前授業では、キットは全員が完成させていたが、プログラムを組む活動については、全体の3割程度しか、いぬボードを完成させられなかった。その理由としては、児童のScratchに対する知識が少なく、スクリプトの種類やありかを理解できていなかったためと思われる。

　その反省を生かし、本学級では、スクリプトに関するヒントを提示し、取り組ませた。そうすると、全ての児童が完成できた。

　2学級で比較した場合、考え方はともにできていたのでその難易度はそれほど高くないと思われる。一方、Scratchに関する知識においては、差が出てしまった。その後、柏市内の2校で授業を実施したが、キットを完成できなかった児童はほぼいなかった（特に、1校はそのまま授業を実施した。もう一校は、1時間に圧縮したもので実施した）。実際にスマホやその他のゲーム機などを遊びの中で扱っている児童たちなので、やらせてみることも大切になると思う。困ったときに何が原因か考えて試行錯誤するのも、今回の授

> 監修者から：いぬボードは追加のドライバーを使わずに済むようにするため、音声入出力に一度変換してからパソコンとやりとりするので、本来の操作対象に1つ余計なものが介在している形になります。理科の教科目的からするとこれが良いのかどうかはちょっと判断に悩むところです。児童たちの思考や作業に混乱が生じていないようならば、問題ないのかもしれません。

> 先生による補足：1校はここで紹介したように授業を実施しました。もう一校は、1時間に圧縮したもので実施しました。

業では大切なのでやらせてみたことはよかったと考える。
- 時数に関しては教科書や今までの本校で指導してきた時数より2時間多くなってしまった。また、いぬボードを作り、仕組みを理解させるのに1時間かかってしまった。今回は児童に作らせたが、事前に用意しておき、1時間扱いでもできたのではないかとも考えられる。

 事前に用意することによって、試行錯誤する部分が多くなると思う。その点はメリットとなる。また、授業時間の確保の問題を考えると1時間という時間設定はメリットがある。しかし、事前準備の大変さや児童の動機付けに関する部分や、配線を確認しながらキットを作ることで理解できた電気の流れや、どこに蓄電されているのか理解することができたという部分がなくなってしまう点がデメリットとなる。

- Scratchを2単元のみしか経験していない学級でも実践したが、光センサーが正常に作動していたのは18グループ中3グループであった。事前にある程度の知識を学習させるかヒントを出しながら実施するのがいいのではないかと思った。本時では、ヒント（使うスクリプトの紹介・組み合わせ方は言わない）を出したところ18グループ全てが正常に行うことができた。
- プログラムを組む前のホワイトボードを使った見通しの持たせ方は、児童の思考の流れを視覚化できてよかったと思う。中には自分たちでシンキングツールを書き使っている児童もいた。
- 振り返りの中に実生活を振り返ることができている児童が多かったので、実生活に関連する目標を持たせた授業作りはよかったのではないかと思う。

> 監修者から：児童が試行錯誤できる部分の多さ・少なさと動機付けや得られる成果は大きく関係するので、それぞれのメリットデメリットが対比できるとよりよいと思いました。

4.3 校長から一言

 指導要領に位置付けられたものの、教育現場は「プログラミング」をどう指導すればよいか手探りしている状況にある。このような具体的な実践が積み重ねられていくことが大切になると思われる。コンピュータを操作する前段階で論理的な思考が求められている点も、注目してほしい。

アベ先生の視点

6年理科の電気の利用は、新学習指導要領でもプログラミングを使った例として紹介されている単元です。いぬボード（ワンだふぉー）が、カバーするのは、入力に応じて出力が変化する場面ですが、この授業では、それ以外の部分をアンプラグドなどと組み合わせているのが興味深いです。

コンピュータやプログラミングを使った授業は、実際に実験をするのではなく、それを仮想的な画面の中のアニメーションに置き換えてしまうのではないかという懸念がありますが、それはまったくの誤解です。リアル（現実）とバーチャル（仮想）の両方の特徴をうまく組み合わせることで、それぞれの違いや良さが分かります。また、いぬボードの特徴である音声を使った入出力について、確かに、電気エネルギーと音のエネルギーが相互に変換できることは、発展的な学びにつながります。ただし、この部分は基板とパソコンをつなぐための仕組み（インタフェース）で、明るさセンサーの値によって、LEDを点けたり消したりすることや、それによって可能になる省エネルギーの話とは直接関係がありません。児童の理解によっては、この部分を省略してもよいかもしれません。配線の部分も同様で、時間数と授業がなにを目的にしているかによって、最初から組み立てた状態で用意する場合があっても構わないと思います。その時間をプログラミングの試行錯誤や、センサーの仕組みを応用した作品づくりなどに使うという判断もあり得ます。

Column

情報教育とプログラミング

1997年10月の『情報化の進展に対応した初中等教育における情報教育の推進等に関する調査研究協力者会議第1次報告』（文部科学省）以降、「情報教育」の目標の観点は以下の3つの柱で構成されています。

「情報活用の実践力（情報活用能力）」
「情報の科学的な理解」
「情報社会に参画する態度」

この3本柱は、これまで主として高等学校の教科「情報」で具体的に取り扱われてきましたが、小中学校の情報教育でも、これに準ずることとなっています。

そして、プログラミング学習はこのいずれの観点にも合致していると言ってよいでしょう。

また、イギリスなどいくつかの国では、小学校低学年から「情報の科学的な理解」に相当するコンピュータ・サイエンス学習に力を入れ始めています。

高学年 | 6年生 | 音楽と総合の合科

生活音をプログラムして即興的な表現を楽しもう

学年	小学校6年生（参加人数：62名）
教科	音楽と総合的な学習の時間の合科
単元	生活の中の音と豊かに関わる
授業時間	2時限目（全4時限）
授業形態	個別およびグループ
担当	岐阜聖徳学園大学附属小学校　近藤　敦至 岐阜聖徳学園大学教育学部　石原　一彦
Why!?プログラミング利用回	「No.10 自分だけの楽器をつくれ」

> 先生による補足：この参加人数は、2クラス（6年1組と同2組）を合わせた人数です。

> 先生による補足：本稿では2時限目の取り組みについて示しますが、プログラミング活用については2時限目以降も実施しています。

1 ［授業の概要］

- コンピュータ学習の一環として、音楽と総合の合科でプログラミングを活用。
- 生活音を取り込んで「自分だけの楽器」を作り、自ら演奏して表現している。
- 音の録音・編集・演奏でタブレットを大いに活用、ICT機器の特徴を生かしている。
- 低学年からコンピュータ学習に取り組んでおり、タブレットやプログラミングを活用する下地が整っている。

2 ［前提条件と準備］

2.1 環境

2.1.1 機材について

70インチ大型モニター（番組視聴用／プログラミングの指導用／児童の作品発表用）

2.1.2 ネットについて

インターネット接続あり（有線および無線）

> 先生による補足：デスクトップパソコン、iPad mini 3ともに1人1台体制です。

2.1.3 端末について

デスクトップパソコン（Windows 7搭載、15インチディスプレイ）、iPad mini 3（以下、iPad mini）

> 先生による補足：型番はNEC Mate MB-Eで、主メモリは4GBです。

2.1.4 ソフトウェアについて

Scratch 2.0 オンラインエディター

2.2 習熟度

2.2.1 学校情報機器の利用頻度と一般的操作習熟度

本校は1年生から6年生まで、週に1時限の「情報」の時間を設定し、系統的に情報教育を指導している。また5年生以上の児童全員に個人持ちのiPad miniを貸与し、それぞれの児童が必要に応じて日常的に活用している。全体的にICTの運用能力は高く、教科の調べ学習や文集の作成、プレゼンテーションなど特に意識することなく情報機器を活用できている。文字入力練習サイト「キーボー島アドベンチャー」の全国ランキングにも本校児童がしばしば登場している。

2.2.2 児童のプログラミング習熟（全体レベルと個々人の差）

4年生と5年生はレゴ マインドストームNXTを2人1台で用いてロボットの動作プログラミングを段階的に学習している。6年生になると、Scratch 2.0のプログラミング学習を7時間の単元で実施している。このためプログラミングの基本的な技能は全員が身につけている。またそれぞれの児童が持っているiPad miniにも「Pyonkee」がインストールされているため、休み時間に自主的に集まったり、自宅に持ち帰ったりしてプログラミングを自主的に研究している姿も見られる。

ただ、プログラミングに関して家庭でも趣味として日常的に取り組んでいる児童もいれば、この学習で初めて経験する児童もいるため、この格差を解消することが課題となっている。複雑なプログラムを作るのが目的ではなく、簡単なプログラムであっても独創的な発想を形に変えることの良さを伝えたり、グループでの学習を取り入れて互いに教え合ったりすることの大切さも伝えたい。

第1次　プログラミングをしてみよう（本稿では、この2時限目について記す）

時限	主な学習活動
1	テーマ【プログラムして動かそう】 ・プログラムとはどのようなものか、プログラムをなぜ学ぶのかを考える。 ・Scratch 2.0の起動方法や各部の機能を理解する。 ・命令の配置方法と実行方法、作成したプログラムの保存と読み込みの方法を理解する。 ・動くスプライトをクリックすると消えるプログラムや、描かれた線に沿ってスプライトが動くライントレースのプログラムを作る。
2	テーマ【絵本を作ろう】 ・背景の描き方と背景の切り替えの方法を理解する。 ・お絵かきツールを使って背景やスプライトを作る。 ・絵本、紙芝居、クイズ、プレゼンなど画面切り替え型のプログラムを作る。
3	テーマ【おもしろい模様を描いてみよう】 ・ペンの使い方を理解する。 ・正多角形の描き方を考える。 ・図形の角度を小刻みに変化させて幾何学模様を描く。 ・線の色や太さを変えたり、背景を工夫したりして面白い模様を描く。
4	テーマ【音楽を作ろう】 ・あらかじめ用意されている音をプログラムで使う方法を理解する。 ・繰り返し処理を使って音を組み合わせて曲を作る。 ・旋律とリズムを作り、それらを同期させて合奏曲を作る。 ・いろいろな音や曲を組み合わせて演奏する。

キーボー島アドベンチャー：スズキ教育ソフトが開発した児童のキーボード入力のスキルアップを支援することを目的にした無料のサイト。小学校のクラスや委員会、クラブなどグループ単位での参加が原則で担当の先生による申し込みが必要。
http://kb-kentei.net/

レゴ マインドストームNXT：レゴジャパンが提供する、レゴブロックで組み立てたロボットをプログラミングできるロボティクス製品。現在はマインドストームの第二世代NXTを発展させた第三世代であるEV 3が発売されている。
https://www.lego.com/ja-jp/themes/mindstorms/products/mindstorms-ev3-31313

先生による補足：プログラム学習単元指導計画（全7時間）です。

Pyonkee：Pyonkee（ピョンキー）は、合同会社ソフトウメヤが、MITメディアラボのScratchソースコードライセンスにしたがって、Scratchをベースに開発したScratch 1.4互換のiPad用アプリ。App Storeから無料でダウンロードできる。
http://www.softumeya.com/pyonkee/ja/

先生による補足：『Why!?プログラミング』では「No.4 北極の子ぐまを救え」で紹介しています。
http://www.nhk.or.jp/sougou/programming/?das_id=D0005180305_00000

監訳者から：先生はこれを視聴していましたか？
先生からの回答：この単元を作成した時点では視聴していませんでした。以下の補足で紹介している回（No.11、No.2）も視聴していませんでした。

先生による補足：『Why!?プログラミング』では「No.11 奇跡のチョウを直せ」で紹介しています。
http://www.nhk.or.jp/sougou/programming/?das_id=D0005180312_00000

先生による補足：『Why!?プログラミング』では「No.2 おかしな踊りを直せ」で紹介しています。
http://www.nhk.or.jp/sougou/programming/?das_id=D0005180303_00000

第2次　自分の世界を広げよう（第1次に続く取り組みを参考までに示す）

時限	主な学習活動
5	テーマ【自分の世界を作ろう】 ・自分の作りたい世界のジャンルを決める（ゲーム、クイズ、音楽、図形等）。 ・ジャンル別のグループに分かれてプログラムを作る。
6	テーマ【協力し合ってプログラムを作ろう】 ・優れた音楽やスプライト、背景などを共有して活用したり合体したりする。 ・自分のプログラムを文章で説明できるよう作文にまとめる。
7	テーマ【発表会で作品を見せ合おう】 ・グループごとに作品を見せ合って工夫したところを発表する。 ・学級でプログラムを発表し、それぞれの良いところを見つけ合う。 ・プログラミング学習を振り返り、成長したことや今後の課題をまとめる。

2.2.3 先生のプログラミング習熟

本校では10年前から**マインドストームRCX**を用いてプログラミング教育に取り組んでいる。この学習ではプログラミングを教え込むのではなく、プログラミングを実際に体験しながら児童が課題解決の方法を考え見つけていく姿勢を大切にしている。指導上の問題や技術的な課題があれば**大学**の教員と連携してチームで問題を解決することも行っている。

2.2.4 先生以外の支援体制

岐阜聖徳学園大学教育学部の教員が附属小学校の情報教育のカリキュラムに関わり、毎週6年生2クラスの情報教育の授業を支援している。

2.3 準備

2.3.1 指導案・提示教材・資料等

5時間程度時間をかけて指導案を作成。

2.3.2 サンプルプログラム

全員の児童を大型モニターの前に集め、教員がScratch 2.0 オンラインエディターをモニターに表示してプログラムの作成方法を指導する。本時の指導内容は次の2点である。

（1）共有フォルダから自分の音声データを読み出して**サウンドエディター**で加工・編集する方法を理解する
（2）マウスクリックで音声を再生させたり、任意のキーに音声を割り付けたりする方法を理解する

マインドストームRCX：前述のマインドストームの第一世代です。

先生による補足：後述するように、岐阜聖徳学園大学教育学部の教員です。

サウンドエディター：Scratch 2.0（含むオフラインエディター）の「音」タブを選択すると表示されるサウンドエディターです。

3 ［授業内容と指導案］

3.1 単元の狙い／単元計画／プログラミングの活用形態／

単元の狙い

【音楽科として】
- 生活や社会の中の音や音楽と豊かに関わることができる
- 即興的に表現することを通して，音楽づくりのさまざまな発想を得ることができる

【総合的な学習の時間として】
- 自分が構想した楽器作りの課題解決に向けて、探究的な学習として情報を集めたり試行錯誤したりしながらプログラムを作成し、効果的に発表する。
- 楽器の製作を通して**音声ファイル**を編集・加工したり、プログラムを工夫したりすることで情報活用能力を向上させる

単元計画を以下に示す（具体的な方法は後述）

時限	主な学習活動	教師の支援
1	・番組を視聴し、楽器作りの着想を持つ ・グループごとに着想を話し合い、各自の課題を設定する ・iPad miniを用いた録音方法や音声を用いたプログラミングの方法を理解し、楽器作りのプログラムを作成する	・番組を視聴してどのような楽器を作るか交流しながら、それぞれの課題を設定する
2	・音声の編集の方法を理解し、自宅で録音してきた音声ファイルを読み込んで編集する ・編集した音声をプログラミングに用いて楽器作りを行う	・児童が自宅で録音してきた音声データを共有フォルダに保存しておく ・音声データの加工法を提示する
3	・楽器作りのプログラムを完成させ、グループごとに自分の楽器作りで工夫したことを発表する ・自分の作ったプログラムの仕組みやアイデアを**言葉で説明できるように作文**に書き、共有フォルダに保存する	・必要に応じて個々のプログラミングの課題解決方法を指導する ・プログラムの説明を聞いて他者がどのような内容なのか理解できるように作文を書かせる（エンコード）
4	・自分の楽器作りの説明や工夫したことを発表し、プログラムを大型モニターに表示して楽器を演奏する ・振り返りの感想を書き、共有フォルダに保存する	・書いた説明文を発表し、作成した楽器を演奏させる ・学習の振り返りを文章にまとめさせる

音声ファイル：Scratch 2.0（含むオンラインエディター）は、MP3とWAV形式のファイルをサポートしています。

先生による補足：『Why!?プログラミング』「No.10 自分だけの楽器をつくれ」です。

先生による補足：iPad miniで録音しています。後述する「先生の振り返り」でも言及しています。

先生による補足：ここではマイクロソフト ワードを利用しています。

先生による補足：自分がコンピュータにさせたいことや願いごとなど頭の中で着想したことを日本語で記述することを、ここでは「エンコード」[※]と称しています。日本語で記述することで、記録したり他者と共有したりできます。
※ この授業で使われている「エンコード」は、一般には「仕様化」（仕様書を作成すること）に相当します。通常、エンコードは、ある規則にしたがってデータを符号化することを指します（86ページの「デジタル通信の原理を知ろう」参照）。

監訳者から：児童全員が発表できますか。
先生による回答：発表したい児童や紹介したい児童を推薦してもらって発表させていたので全員ではありませんでした。

先生による補足：授業時間内で加工を実行したこともあり、音声データの特定個所をコピーして重ねたり、切り取ったり、逆転させたりする程度でした。

図1 ● 大型モニターを使ってデータの加工法を指導

図2 ● 机間指導の様子

先生による補足：この段階では、音声データの編集画面の扱い方に困っている児童は見かけました。

図3 ● 各自が楽器作りのプログラムを作成

監訳者から：『Why!?プログラミング』視聴の効果はどの程度あったと感じられましたか。
先生による回答：番組視聴によってコマンドの組み合わせ方や変数の使い方などが効率的にできたと思います。

先生による補足：楽器を画面に表示してキーボードを使って実際に演奏できるプログラムや、音楽に合わせてダンスを踊るプログラムなどが印象的でした。

図4 ● グループで自分のプログラムを紹介

3.2 学習計画（授業の流れ・実践の手順）

3.2.1 配分時間と詳細

本時の展開（本時2時／全4時） 附属小学校メディアラボ（コンピュータ教室）

配分	学習活動	教師の支援
5	・大型モニターの前に集合する（図1） ・本時のめあてを確認する ・自宅で録音してきた音声データが保存されている共有フォルダ内の場所を知り読み込む ・読み込んだ音声データを加工する方法を知る  ・音声データを用いたプログラミングの方法を理解する（クリックされたときに再生する） このスプライトがクリックされたとき （特定のキーが押されたときに再生する） スペース▼キーが押されたとき	・本時の学習内容を説明する ・楽器作りのめあてを想起させる ・教師用のScratch 2.0オンラインエディターを大型モニターに表示して、音声データの加工法を指導する（選択・部分削除・コピーによる繰り返し・フェード・逆再生等） ・編集した音声データを用いてプログラムを作成する方法を紹介する プログラムを作成する上での3種の課題を提示する (1) 音声データを単音で再生するプログラム (2) いくつもの音声データを組み合わせて曲を自動再生するプログラム (3) 音楽に合わせて画面の色が変化したり、スプライトが動き回ったりするプログラム
15 40	・児童が各自の席に戻り、Scratch 2.0オンラインエディターを立ち上げ、各自の課題解決に向けて楽器作りのプログラムを作成する（図3） ・グループで自分のプログラムを紹介し合って情報を共有する（図4） ・共有フォルダに「手元のコンピュータにダウンロード」で自分のプログラムを保存する ファイル▼ 編集▼ ヒント 説明 新規 手元のコンピューターからアップロード 手元のコンピューターにダウンロード 復元	・机間指導をしながら児童の進捗状況を見取り指導する（図2） ・特徴ある表現や工夫をしている児童に積極的に価値付けを行い、他の児童にも紹介する ・ダウンロードとアップロードを間違わないように注意させる

3.3 指導のポイント（教科単元として／プログラミングとして／児童生活への波及として）

　本単元では生活や社会の中にある「音」に注目し、それらの「音」に児童たちが豊かに関わることを目標にしている。まず、学校や家庭など身近な生活の中で発する音に耳を傾け、注意深く聞き取り、面白い音や興味を抱いたさまざまな音を録音して採集する。こうして集めた音を教室に持ち寄り、編集したり、加工や効果を追加したりして自分なりの音作りを行う。そしてそれらの音声データをプログラムに埋め込み、作った音をコンピュータ上で再生させることで「自分だけの楽器」作りを行う。

　プログラムでは、まず画面上のスプライトやキーボード上の特定のキーに自分が録音し編集した音声やScratchにあらかじめ用意されている音声を割り付けて、マウスでクリックしたりキーを押したりすると割り付けられた音が楽器のように再生されるようにする。このように設定することでコンピュータを一種の楽器に見立てて即興的な表現ができるプログラムを作成する。次にリズムを繰り返し再生させたり、複数の音声を組み合わせたりして曲を作り、それらのリズムや曲を自動再生するボタンを作成する。それらの曲に合わせて即興的に演奏したり、画面上のスプライトを曲に合わせて動作させたりする。このように音声と映像を組み合わせ、そこに即興的な演奏や画面上の動きを加えることにより、自分だけの独創的な音の世界を作り出させたい。

　児童の作品例を以下および次ページに示す。

児童の作品例（その1）

児童の作品例（その2）

3.4 評価のポイント
（学習態度／単元の理解／プログラミングの理解）

　本単元は音楽と総合的な学習の時間の合科的指導であるため、それぞれの観点から評価を行うこととする。

　まず、音楽科としては新学習指導要領の記載内容にしたがって「生活や社会の中の音や音楽と豊かに関わることができたか」また「即興的に表現することを通して，音楽づくりのさまざまな発想を得ることができたか」を評価の観点としたい。

　一方、総合的な学習の時間としては、「プログラミングを体験することが，探究的な学習の過程に適切に位置づけられたか」また「学習活動を通して音声ファイルを編集・加工したり、プログラムを工夫したりすることで、情報活用能力を向上できたか」などを評価の観点としたい。

4 ［振り返り（フィードバック）］

4.1 児童の振り返り

　本単元の3時間目に自分のプログラムを言葉で説明（エンコード）するための作文を書かせ、4時間目には学習の振り返りの作文を書かせた。その中から、例として、2名の児童がどのように自分のプログラムを説明し、また振り返っているのかの要旨を次ページに示す。

監訳者から：実際の評価はいかがだったでしょうか。
先生による回答：今回の取り組みで音声もファイルとして取り扱うことができることを児童たちが経験を通して知りました。音声の使い方が巧みなお子さんや画面と組み合わせて効果的に音声ファイルを使っているお子さんも多く見られ、授業としては児童たちに良い経験ができたと思います。

監訳者から：実際の評価はいかがだったでしょうか。
先生による回答：今回の学習では自分で目標を設定し、課題解決を行い、プログラムを実装するという一連のプロセスを探求活動として位置づけることができました。課題の設定や課題解決の方法、評価、情報活用能力の向上などが評価の観点になると思います。

児童A

【プログラムの説明】東京駅6番線の発車メロディーを基調の音楽とし、その音にまわりのメロディー等を表す別の音を入れるため、新しくスプライトを作り、そこに１つずつ音を入れて構成しました。基調の音楽は連続して流れ、そこに自由に周りの音を入れられるようにしました（実際東京の６番線メロは４回繰り返します）。また、周りの音も列車の通過メロディーなどの音を使用しています。
【感想】なかなか基調の音楽に周りの音を組み合わせるのに苦労しました。機会があれば、今度はそれらの音に動きや背景を加えて作ってみたいです。また、駅などの音をもっとたくさん組み合わせて、本当にその場で聞いているような臨場感を持たせ、プログラミングで音を出しているということを忘れるほどの作品を作ってみたいです。

児童B

【プログラムの説明】録音した音を楽器に見立てて、見た目を決める（例えば、録音した音が太鼓の音に聞こえれば、太鼓のコスチュームを描く）。そして、そのスプライトをクリックしたとき、音が鳴り、見た目が変わるようにする。キーボードのaを押すと、ドが鳴るようにする、といった作業をドからシの音まで繰り返す。
さっき、作った楽器の音を使って、リズム取りなどをする（タッタッタッタのように）。これで、あとはキーボードを打って、音楽を流す。
【感想】工夫したところは、作った楽器のリズム取りをちょっと複雑な音にして、２つの楽器で、リズム取りを行ったことです。また、楽器の見た目が分かりやすいように描きました。プログラミングは楽しいので、またいろんなものを作って、遊んでみたいと思いました。難しいかもしれないけど、あきらめずにリズムゲームなどを作ってみたいです。

4.2 先生の振り返り

今回の授業は課題解決学習として、まず生活の中の音を集めてプログラムの中で音声データとして活用し、オリジナルな楽器を作って即興表現を楽しむという学習の流れを構想している。最初に『Why!?プログラミング』の「No.10 自分だけの楽器をつくれ」を視聴させることで、楽器作りの着想を児童たちに具体的に持たせることができ、児童たちは課題をスムーズに設定することができたように思う。ただ、音を採集するのは初めての経験であるため児童たちが楽器に向いた音を探すことには苦労していたようだ。事前にどのような音が向いているか紹介してもよかったのかもしれない。

さらに音を採集するツールとして児童には個人持ちのiPad miniに録音アプリをインストールして使わせた。児童は自分のiPad miniを自宅に持ち帰り、身の回りにある「音」（カーテンを閉める音や茶わんをスプーンで叩く音など）を録音する。このようにして児童が集めた音を、先生が学校の校内LANの共

有サーバーに保存し、許可を得て、共有して使えるなどの工夫をした。また完成した楽器をマウスのクリックで演奏するのは楽器らしくないので、今回のような取り組みではタブレットを指先でタッチして演奏させる方がより楽器の感覚に近付けると思われる。タブレットによるオリジナル楽器の製作が可能になると、タブレットを持ち寄ってオーケストラのように合奏するような学習も可能になるだろう。

「児童の振り返り」で鉄道好きのA児が、「駅などの音をもっとたくさん組み合わせて、本当にその場で聞いているような臨場感を持たせ、プログラミングで音を出しているということを忘れるほどの作品を作ってみたい」と述べているように、今回の学習では自分の願いをプログラムで具体的な形に変える（実装する）ことができたことで、児童がプログラミングの良さを感じ取ってくれたのではないかと考えている。

4.3 校長から一言

本校は、変化の激しいこれからの社会を生きるために、確かな学力（智恵）、豊かな心（慈悲）、健やかな体（夢実現）の知・徳・体をバランスよく育てることを狙い、学校の教育目標の具現に取り組んでいる。その1つに、コンピュータ学習（情報教育）がある。

1年生から週1回の情報の時間を設け、ローマ字入力からスタートし、ペイント、文字入力、画像取り込みなどの基本操作を学び、中学年以降ではプレゼンテーションやロボット操作などのプログラミングにも挑戦している。また、情報の授業をはじめ、多くの授業でタブレット型端末を活用し、電子情報ボードとのやりとりで、より効率的に学習を展開している。

今後、情報化の進展は著しく、新しい知識・情報・技術が、社会のあらゆる領域での活動の基盤として飛躍的に重要性を増していくはずである。知識・情報・技術をめぐる変化の早さが加速度的となり、情報化やグローバル化といった社会的変化が、人間の予測を超えて進展するようになってきていることである。2045年には人工知能が人類を越える「シンギュラリティ」に到達するという指摘もある。情報化の進展が社会に及ぼす影響、いわゆる「情報化の影の部分」への対応も含め、小学校段階においては、各教科や総合的な学習の時間などで、情報教育の充実を図っていくことが必要だと考えている。

本実践にあたり、岐阜聖徳学園大学教授である石原一彦先生のご指導に感謝するとともに、本実践が、輝かしい未来、広い世界へ羽ばたいていく児童たちにとって、よりよく生き抜いていく力となることを期待している。

岐阜聖徳学園大学附属小学校長　　桑原 常晴

アベ先生の視点

タブレットなどのICT機器を限られた場面だけで使うと、物珍しい新奇な物として、児童たちが道具に使われる感が出てしまいます。これらの機器を日常的に使うことで、その特性を理解した主体的な活用が可能になります。今回の授業は、普段からICTに親しんでいる学校の取り組みとして興味深いものでした。例えば、音を録音して取り込む道具としてタブレットが使われていますが、プログラム次第でどんなメディアにもなるコンピュータの万能性を示したものと言えます。

音楽とプログラミングの組み合わせでは、楽譜とプログラムの類似性から、順次、反復などを使った、打ち込みによる自動演奏が行われることが広く行われています。対して、この授業では、演奏は児童が行い、そこで用いる楽器を作るためにプログラミングを用いています。このように、人が作ったメディアを使うだけでなく、世の中に存在しない新しいメディアを自分で作ることができることに気付くのも大切です。

さらには、決められたプログラム通りに動くコンピュータでは即興演奏はできないことから、人とコンピュータとの違いと、それぞれの良さにまで考察が進むと、より深い学びにつながるでしょう。

Column

中学校に向けたプログラミング教育の接続・継続について

　NHK Eテレの番組をネットで閲覧できるなど学校向けサービスを提供している「NHK for School」において『Why!?プログラミング』の番組カテゴリーは2018年10月以降「小3-6 総合」に変わりましたが、それまでは「中学校・技術」に分類されていました。例えば、『No.4 北極の子ぐまを救え』は中学校・技術の計測・制御に対応しています。

　新しい学習指導要領の中学校・技術「D情報の技術」では、これまで実施していた「プログラムによる計測・制御」に加えて、「ネットワークを利用した双方向性のあるコンテンツのプログラミング」が実践されます。指導上の配慮として、データの処理等に関して「安全・適切」なコンピュータ・プログラムとはどのようなものかを評価し、生徒が実際に動作確認とデバッグ等の技術的経験や作業をすることが求められます。

　このように、中学校のプログラミング学習は、小学校のプログラミング体験と比べて、より技術的、工学的であることに加えて、制作するプログラムの自由度はあまり高くないようです。また、他教科の学習との関連も判然としません。

　より工学的な中学校のプログラミング学習であっても、児童が楽しく、積極的に取り組めるような「プログラミングとの幸せな出会い」と「よきプログラミング体験」を提供することが、小学校での実践には求められるでしょう。

英語を使って道案内をしよう

高学年 | 6年生 | 外国語、または総合

学年	小学校6年生（参加人数：27名）
教科	外国語、または総合的な学習の時間
単元	道案内をしよう
授業時間	10時限目（全15時限）
授業形態	個別
担当	横浜市立桜台小学校　程島京介先生
Why!?プログラミング利用回	「No.11 奇跡のチョウを直せ」

1 [授業の概要]

- 地図上を英語で道案内するプログラミングを外国語で実施した。
- あらかじめ用意された地図上を障害物を避けながら目的地に着くようにプログラミングした。
- 『Why!?プログラミング』を視聴してスプライトの回転等を理解してもらった。
- Scratchの言語設定を英語にし、英語でのコミュニケーションに慣れ親しむようにした。
- 学習発表会という目標があるため、児童が意欲的に取り組めた。

2 [前提条件と準備]

2.1 環境

2.1.1 機材について
電子ディスプレイ（ビデオ視聴用）、プロジェクタ（スクリプト投影用）

2.1.2 ネットについて
インターネット接続あり（有線）

2.1.3 端末について
ノートパソコン（Windows 7搭載、15.6インチディスプレイ、マウス）

2.1.4 ソフトウェアについて
Scratch 2.0

2.2 習熟度

2.2.1 学校情報機器の利用頻度と一般的操作習熟度
週に1回程度インターネットで調べ学習を実施。検索やページ指定印刷のスキル程度は身に付いている。

2.2.2 児童のプログラミング習熟（全体レベルと個々人の差）
家庭でもScratchを利用して作品づくりをしている児童が2名ほどいた。ほかに、Scratchに習熟しており他の児童にも支援ができる子が5名ほどいた。

> 先生による補足：ネットの情報に基づいて作品づくりを行うなどして習熟していたように思います。

2.2.3 先生のプログラミング習熟
今年度（2017年度）の12月くらいから、初めてプログラミングの授業を行った。

2.2.4 先生以外の支援体制
担当の先生のみで実施。

> 先生による補足：ただし、当日に授業を見学した本書の監修者と編集者による若干の支援がありました。

2.3 準備

2.3.1 指導案・提示教材・資料等
1時間かけて指導案を作成。

2.3.2 サンプルプログラム
以下のサンプルプログラムを作成した。言語設定が英語（English）になっている。

サンプルプログラム

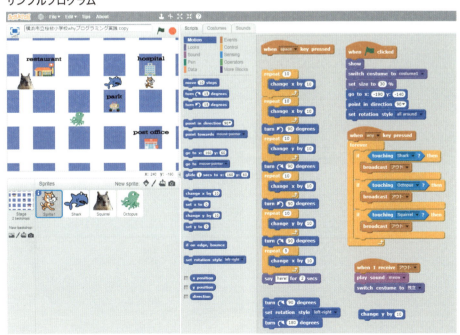

高学年 | 6年生 | 外国語、または総合

3 ［授業内容と指導案］

3.1 単元の狙い／単元計画／プログラミングの活用形態／

単元の狙い

- 試行錯誤しながらプログラミングすることを通して、論理的思考能力や問題解決能力を身に付ける。
- 作品づくりを通して、創造力と自己実現力を身に付ける。

単元計画

本時以外は基本的にこの繰り返しで、Scratchに慣れ親しむ。
- ① 『Why!?プログラミング』を見て、Scratchを使ったプログラミングでできることを確認する。
- ② 番組に出てきた内容を、実際に試してみる。
- ③ 学習発表会に向けて、作品づくりに取り組む。

本時
- ④ 『Why!?プログラミング』の「No.11 奇跡のチョウを直せ」を見て、スプライトを回転させたり動かしたりする方法を確認する。
- ⑤ これまでのプログラミングの経験と英語の学習を関連させながら、ネコの動きをプログラミングして、道案内をする。
- ⑥ 学習発表会に向けて、作品づくりに取り組む。

監修者から：教科でプログラミングを行う場合、教科の理解に役立つことが先行するので、外国語としての狙いも必要です。
また、新学習指導要領では、総合でプログラミングを行う場合、探究的な目的で使うこととなっています。
先生による補足：英語を使って分かりやすく道案内をすることによって、英語を使ったコミュニケーションに慣れ親しむことが外国語活動としての狙いになると思われます。探求的な目的ついては、検討中です。

監修者から：創造力と自己実現力はそれぞれ、どうなっていれば、身に付いたと言えるでしょうか。
先生による回答：創造力は、自分の作りたい作品を論理的な思考に基づいて作り上げられると、身に付いたと言えるのではないでしょうか。既存のものではなく、新しい仕組みを作り出すことも創造力が身に付いた否かの基準かもしれません。
自己実現力は、自分の納得がいく作品を作り上げられるような力でしょうか。プログラミング的な思考だけでなく知識も身に付け、どのような場面でそれを使うのかという技能も身に付いていれば、自己実現力が身に付いたと言えるのかもしれません。

先生による補足：学習発表会では、児童が思い思いの作品（ゲームが多かったです）を作り、保護者に見てもらいました。パソコン室に保護者と5年生を招待して、ゲームを楽しんでもらいました。教室がゲームセンターみたいになって楽しかったです。具体的には、シューティングゲームを作る児童が多かったです。格闘ゲーム（HP：ヒットポイントのようなものもあり、当たり判定も調整してある）を作る児童もいて、感心しました。ステージの変化もわりと多くの児童が取り入れていました。

授業の様子

3.2 学習計画（授業の流れ・実践の手順）

3.2.1 配分時間と詳細

学習活動	指導・支援	準備
教室 20分間	・『Why!?プログラミング』No.11を視聴する（図1）。 ・Scratchの英語表記について確認する（図2）。	・スプライトを回転させる方法について理解できるようにする。 ・英単語の意味を簡単に確認する。	・『Why!?プログラミング』No.11の動画 ・ワークシート（図3）
パソコン室 70分間 （図4、図5）	・本時のめあてについて確認する。 ネコの道案内をして、いろいろな場所に行けるようにプログラミングをしよう。 ・通れない道について確認する。	・サメなどのスプライトがいる道は避けて通らなくてはならないことを伝える。	
	・プログラミングをして、道案内をする。	・目的地に到着したら、ネコの動きがよりよいものになるよう支援する。 例）「here!」とネコがしゃべるようにする。 　　上に行くときにはネコを90度回転させる。 　　進行方向と顔の向きが一致するようにする。	

図1●番組を教室で視聴

図2●英語表記について確認

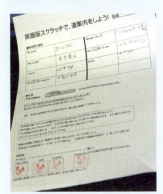

図3●ワークシートの例

3.3 指導のポイント（教科単元として／プログラミングとして／児童生活への波及として）

　英語の学習で、「go straight」「turn right」などの表現を使って児童同士が道案内をすることを経験している。今回はScratchを英語表記にして、ネコの道案内をするプログラミングを取り扱う。

　児童はこれまでにスプライトの動きを座標で考えたり、順次処理の考え方を自分のプログラミングに取り入れたりしてきた。

　今回は英語で学習したことと「英語表記のScratch」を関連させて授業で取り扱う。既存の学習に関連させてプログラミングを授業に取り入れることにより、児童の理解・論理的思考を深めていきたい。

3.4 評価のポイント（学習態度／単元の理解／プログラミングの理解）

以下を重視して評価した。
- 既習の英語を使って道案内のプログラミングができているか。
- スプライトがより自然な動きになるように、プログラミングを工夫しているか。

図4●パソコン室での授業風景（その1）

図5●パソコン室での授業風景（その2）

先生による補足：指導上の工夫として、優れた作品をプロジェクタで見て、みなで観賞したり楽しんだりすると意欲を高められると思います。オンラインのScratchや共有ディスクを利用していれば、特に手間をかけずにできるでしょう。

監修者から：全員が課題を解決していたので良かったと思います。ただ、自然な動きについては、ややぎこちないものもありました。プログラミングの工夫までは至っていない部分もあったと思います。

4 ［振り返り（フィードバック）］

4.1 児童の振り返り

- 普段課題を抱えている児童も最後まで課題を解決することができたので良かった。

4.2 先生の振り返り

図6 ●「x座標を10ずつ変える」「10回繰り返す」の英語版のブロック

図7 ●「横からみたネコ」（左）と「真上から見たネコ」

図8 ●「10歩動かす」の英語版のブロック

- 「x座標を10ずつ変える」「10回繰り返す」（図6）など、そのまま使えるブロックをいくつか用意しておいたが、数値を自分なりに変えてプログラミングをする児童が思いの外多かった。簡単にプログラミングできるようお膳立てをしたつもりだったが、それに頼らずにプログラミングしていることに面白さを感じた。
- ポイントを絞ってビデオを視聴すると、1時間でまとめられる内容かもしれないと思った。
- 今回、横から見たネコ（Scratch起動時の画面に出てくるネコ）をスプライトとして扱った。参観していた阿部和広先生からのアドバイスで、真上から見たネコ（図7）をスプライトにすると、本時で取り扱う「回転」をより分かりやすい形で扱うことができることが分かった。横から見たネコを左右反転させるのは、回転方向を左右のみにする必要がある。これは児童にとって少々分かりにくいものである（番組のNo.1に出てきてはいる）。スプライト選びに気を付けたい。
- スペースキーを「1回押したら」目的地に行くのか、「何度か押したら」目的地に行くのかが曖昧だった。プログラミングの仕方が変わってくるので、授業中に補足した。
- 初期設定の状態だと、「x座標を10ずつ変える」「10回繰り返す」を画面に表示してある。外国語の授業で扱った「go straight」が「10歩動かす」（図8）に相当するので、こちらを使った方がより外国語の授業との関連を意識することができたかもしれない。
- 課題を全て解決できた児童には、ネコの動きに物語性を持たせてプログラミングするのも面白いだろう。
- 地図の中に障害物を設定した。その障害物を動かすことによって、道案内にゲーム性を持たせることができる。

4.3 校長から一言

- 児童が「自分が作りたいもの」を意識しながら、それを実現する手段としてScratchを使っているという点で、よい実践になっていると感じる。半面、教科（本実践においては英語）との連携という点では、まだその要素を用いたことに留まっている感があり、今後は、より連携先の教科や単元のめ